豊田章男

片山修

東洋経済新報社

はじめに

豊田章男は、いったい何者なのか。

「失われた30年」と呼ばれた平成の時代において、トヨタ自動車は、国内でもっとも時価総額を伸ばした企業だ。１９８９年に約9兆円だった同社の時価総額は、２０２０年2月時点で約25兆２２００億円にのぼる。2位のソフトバンクグループ11兆５３００億円に2倍以上の差をつけて、国内企業トップである。自動車メーカーの中でも世界一だ。

トヨタを牽引する章男は、テレビやインターネット上に頻繁に顔を見せる。マツコ・デラックスなど、タレントと親交がある。目立ちたがりだという人もいる。60代の今も、社長業の傍ら「モリゾウ」を名乗り、ラリーに参戦する。ハンドルを握る社長に違和感を持つ人もいる。世襲批判の立場から、御曹司、お坊ちゃん、3代目と批判する人も、少なからずいる。彼の最近の言動から、ＩＴ（情報通信）に寄り過ぎており、浮ついているという声まである。

日本で最も〝顔の見える社長〟の1人であることは間違いない。にもかかわらず、実にその正体はつかみにくい。人物像について、正直、いまひとつよくわからない。

「豊田章男は、〝突然変異〟ですよ」

と、ある役員は評する。

突然変異、すなわち、章男は、その出自やトヨタの企業風土では説明できない稀有な経営者だということなのか。

章男の心の奥底には、いったい、何が秘められているのか――。それを知るための手がかりとなる、3つのエピソードを紹介したい。


章男は、慶應義塾大学時代、ホッケー部に所属した。日本代表としてアジア大会にも出場する実力者だった。根はアスリートである。

社長就任直後の2009年10月、日本記者クラブで行われた講演会で、章男は冒頭、こう〝宣言〟して始めた。

「私、育ちが『体育会系』でございます。先輩へのあいさつは立ってやるもんだと、学生時代から叩き込まれておりますので、本日は、この場で立ってやらせていただきます」

また、2008年9月15日のリーマン・ショック後、章男はこう語っている。

「こういう時だからこそ、スポーツの力が必要なんだ。運動部が頑張って、社員に活力、一体感を与えてほしい」

章男の期待に応えるように、野球部や女子ソフトボール部は、次々と好成績を残した。2016年に野球部が都市対抗野球大会で優勝した際、章男は、東京本社の地下駐車場で行われたビールかけに参加した。ウェットスーツにゴーグル、シュノーケルを着用して登場し、思う存分ビールを浴びた。女子ソフトボール部が優勝した際の〝炭酸水かけ〟にも、同じいでたちで参加した。

2019年夏、女子ソフトボール部と野球部の20人ほどが、豊田市内の居酒屋に集まって交流会を開いた。宴が盛り上がった頃、1人の男が従業員通路から店に入り、店のユニホームに着替えたかと思うと、交流会の席に向かった。気づいた部員が、「わッ」と驚いた。黒のキャップにTシャツ、紺の前掛けという店員のいでたちでジョッキを手にしていたのは、章男その人だった。

自らサプライズを演出した。完全に、体育会系のノリである。いや、それ以上に彼にとって、他人を喜ばせることが自分の喜びなのだ。

章男は、勝つために何をすべきかを突き詰め、ストイックに追求するアスリートの特性を有している。目標を定めて努力を惜しまない。溢れんばかりの情熱、前を見て突き進むひたむきさ、誠実かつ真剣に取り組む真摯さなどが、社長業へのエネルギーの根源であることは間違いない。

副社長時代の章男についてもは、深く記憶に残っているエピソードがある。２００６年７月20日、東京・芝公園の東京プリンスホテルで開かれた年央会見の席上でのことだ。

章男は副社長になっていた。同年６月に品質保証担当になったばかりだった。記者から大型ＳＵＶ「ハイラックスサーフ」のリコール問題について、品質保証担当責任者としての意見を聞かれると、彼は、実に緊張した面持ちで次のように答えた。

「トヨタのクルマを買っていただいたお客様を、自分のクルマは大丈夫かと不安にさせたことは、メーカーとして大変恥ずかしい」

彼の発した「恥ずかしい」というストレートな言葉に、その場の空気が一瞬、凍りついたように思われた。自己反省が込められた一言は、その頃のイケイケドンドンのトヨタの経営陣が発する言葉としては、大いに違和感があった。思い切った発言に思われた。感情を込めた飾らぬ言葉に、正直、衝撃を受けた。

社長時代の章男が行った会見にも、深く印象に残っているエピソードがある。

２０１５年６月19日、米国から常務役員として赴任したばかりだったジュリー・ハンプが警察沙汰になったことを受けて、記者会見が行われた。

ハンプは、外国人の女性役員すなわちダイバーシティを体現する人物として、鳴り物入りで日本にやって来たばかりだった。ところが、６月18日、米国では医師の処方によって手に入るが、日本では違法とされる薬物を所持していたとして、麻薬取締法違反の嫌疑がかけられた。

会見の席上、章男は、次のように発言した。

「ジュリー・ハンプ氏は、私にとっても、トヨタにとっても、かけがえのない大切な〝仲間〟です。今の私どもにできることは、仲間を信じて、当局の捜査に全面的に協力することだと思っています」

一般的な広報の危機対応でいえば、突き放すのがセオリーだろう。しかし章男は違った。

有罪が確定するまでは無罪とする「推定無罪」の考え方を貫くと同時に、〝仲間〟である社員を信じ抜くという態度を、社内外に示した。

彼は、会見の中で、こうも言った。

「私にとって、直属の部下である役員も、従業員も、子供のような存在です。子供を守るのは親の責任ですし、迷惑をかければ謝るのも親の責任です」

彼女は帰国するため、空港へ向かった。章男は、部下から彼女が無事に空港に向かうクルマに乗ったという知らせを受けるや、すぐにハンプに電話を入れた。

「ジュリー、今回はこんなことになってしまったけど、あなたは私の大事な仲間だ」

そして、こう付け加えた。

「これで、日本を嫌いにならないでね」

実は、この言葉には前段がある。

第6章で詳しく触れるが、章男は2010年、米国での大規模リコール問題をめぐって、米公聴会に出席した直後、米販売店の関係者約200人が集まる中であいさつをした。「私は独りではなかった」と涙を見せた例の集会だ。その中で、1人の関係者が章男に語りかけた。「私は米国人だが、今回の件において、あなたに対する米国の態度は、恥ずかしく、申し訳ない」

としたうえ、こう付け加えた。

「この件で、アメリカを嫌いにならないでください」

章男はこれを聞いて、涙が止まらなくなった。孤独ではないと感じた瞬間だった。

その時の言葉を、彼はハンプに返したのだ。孤独を知る者による、〝仲間〟を孤独から守るための思いやりだった。

実は、章男は、浮ついているようで、そうではない。歴史に学びながら、決して前例にとらわれない。行動的なようで、深い思考をめぐらしている。熱血漢でありながら、どこかさめている。多面的で複雑な顔を有しながら、思考はいたってシンプルだ。

章男は、トヨタ社内でも、十分に理解されているとはいえないだろう。彼の思いを正しく理解できる人がどれだけいるのかと、疑問符がつく。

彼を知ることは、トヨタを知ることであると同時に、1人の男の苦悩と成長のドラマを見つめることにつながる。彼の生き方や考え方は、先の読めない現代を生きる経営者やビジネスパーソン、また、自らの進路に悩む若い人たちにとっても、大いに参考になるだろう。

時価総額日本一のトヨタを牽引する豊田章男の知られざる本性に迫ってみたい。

目次

＊

豊田章男

はじめに　1

第Ⅰ部　人間

第1章　原質――いかに育ったのか　23

タクシードライバーを夢見た少年　23
御曹司の宿命　25
3度会社を辞めようと思った　27
「叱られたことはあるか」「ありません」　30
信号待ちの隙に、トラックに乗り込む　33
販売にTPSを導入も無視される　36

「章男のホビー」と陰口　39
「うるさい！　おまえは降りろ！」　44
2人でソフトバンクに殴り込み　47
実に厄介な社員だった　50

第2章　居場所——もう1つの顔　53

ドライビング師匠との出会い　53
反対押し切りニュル24時間レース出場　58
初めて「モリゾウ」を名乗る　61
ガズーレーシングチームの一員に　63
モリゾウなら社長の鎧を脱げる　65
運転に集中すると無になれる　66
クルマづくりのセンサーを磨く　69
2つの顔を使い分ける　71

第3章　ルーツ――なぜぶれないのか　77

経営の軸、継承者パワー　77
先代がいたから今がある　78
「3人の喜一郎」の意味　83
つつましい墓に眠る一族　88
「豊田綱領」とは何か　89
佐吉が影響を受けた報徳思想　91
「家庭的美風」を受け継いでいるか　94
立ち返るべき原理原則　96

第4章　心象――イチローとの対話　99

章男の目を「怖い」と感じた　99
境遇の似た者同士が共鳴する　101
アイデンティティー・クライシスからの脱却　103

孤独な生き様に共通する愛　108
改善にもバッティングにも完成形はない　110
ホッケーで身につけたピンチのときの行動　113
日本を背負って戦う重圧　116
滅私奉公のリーダーシップ　119

第Ⅱ部　経営者

第5章　門出——逆風に抗して　123

玄関ロビーで行われた社長就任の発表　123
底が見えない赤字へ転落　125
背負った2つの重荷　129
長くて厳しい戦いの始まり　131
「現場にいちばん近い社長でありたい」　134

「もっといいクルマをつくろう」 137
もはや金太郎飴ではダメ 138
豊田家はずしの不穏な動き 139
委員会等設置会社の圧力 141
世襲問題からは逃げられない 144
豊田家を「旗」とした求心力 146

第6章 試練——リコール事件に鍛えられる 149

大規模リコールの発生 149
逃げていると見なされた 150
会社は公聴会出席に反対 154
GMを抜いて世界一になるリスク 156
不祥事を招いた急拡大 158
俺を辞めさせるためのゲームだ 160
責任を果たすことへの喜び 161

誰よりもクルマを愛し、トヨタを愛す　163
励ましの声に初めての涙　167
トヨタ再出発の日　170
東日本大震災で発した緊急通達　171
ヒエラルキーの組織文化を崩す　173
ルネサス那珂工場の復旧に駆けつける　177
責任は、すべて私が取る　180

第7章　慢心――何を恐れているのか　183

「七人の侍」の血判状の顛末　183
6人の副社長を置いた異例の人事　186
「過去の整理」からの脱却　188
サーキットレースからラリーへ　190
裸の王様にならないための布陣　192
普通の会社になることを恐れる　194

原価低減を徹底的にやりたい　195
原価のプロが現場にいなくなった　199
事技職場の7つのムダを排除　202
仕入先との上下関係をなくす　205
強い仕入先があるから強い　209
TPSが浸透しない理由　212
自働化とジャスト・イン・タイム　214
モビリティサービスにTPS導入　217
叩き上げを副社長に登用　219
「オヤジの会」で心を通わせる　223
サプライズ訪問で全国の工場へ　226
みんな、プロになろうよ　230

第8章
転換——何を改革したのか　233

国内300万台の死守　233

宮城県大衡村に進出　235
東北を第3の生産拠点に　238
現地調達率を4割に　240
「トヨタ東日本学園」の開校　241
〝トヨタ王国〟の保証はない　243
拡大路線から脱却する　244
最高益でも「意志ある踊り場」　246
持続的成長を言い続ける　248
イミテーションからイノベーションへ　251
マツダを〝先生〟にクルマづくり　253
TNGAで設計思想を見直す　255
クルマを賢くつくるためには　258

第9章　発想――上から目線を廃す　263

部室のような驚愕の社長室　263

驚くべきマツダの走行評価法　266
アライアンス下手の原因　270
ホンダも包み込むモビリティの仲間づくり　272
カンパニー制で〝ヨコ〟への転換　275
あまりにも緩く、重く、遅い組織　277
独り立ちしたレクサス　279
君たちはいったい、何を決めたんだ　282
メディア戦略を一変　284
SNSを活用し、世の中を知る　286
オウンドメディアで情報発信　289
「A3文化」もオンラインツールで破壊　293
ディーラー後継者候補にハッパ　296
変化に弱い者はあえて突き放す　300
サプライヤーにもCASEの大波　302

第10章　未来——どこに向かうか　307

モビリティカンパニーへの衝撃の宣言　307
テスラとともにEVの開発　309
チームジャパンの結成　313
世界の環境規制の最前線　315
交通事故ゼロは可能か　318
転機となったパラアスリートとの出会い　320
AIの世界的権威とコラボ　322
グーグルからも研究者を招聘　326
殿堂入りビデオに込めた思い　328
富士山の麓にコネクティッド・シティ　332

おわりに　337

第Ⅰ部　人間

豊田章男は、どんな幼少期を過ごしたのか。また、どのような会社員生活を送ったのか。いかに自分を鍛え、部長、役員、社長への階段を上っていったのか。

彼には、発明王の曾祖父・豊田佐吉や、トヨタ自動車創業者の祖父・豊田喜一郎から受け継いだ、豊田家のDNAが息づいている。しかし、章男は、意外にもその出自に悩み、理解者のいない孤独のなかでもがき続けた。そのことが、彼の人格形成に多大に影響しているのは間違いない。

断るまでもなく、人間は誰しも孤独である。章男もまた孤独だ。だが、決して孤独を望んではいない。

章男は、相手より先に自ら心を開く。他人は、信じなければ信じてくれない。自らが心を開かなければ、相手も心を開いてはくれない。幼少期から人付き合いに苦労が多かった彼は、そのことを悟っているのだろう。心の奥底では、人間の汚い部分より、善良な部分を信じているのではないだろうか。

彼の本質は、〝やんちゃ〟で〝利《き》かん気〟が強いことである。かといって、強気一辺倒ではない。一言ではいい表せない複雑な人物だ。

第1章　原質――いかに育ったのか

タクシードライバーを夢見た少年

豊田章男が名古屋市に生まれたのは、「経済白書」に「もはや『戦後』ではない」と記された1956（昭和31）年である。

この年、トヨタの乗用車の国内販売台数は1万1938台。トラック・バスは3万1613台に過ぎなかった。モータリゼーションの夜明け前である。

章男は、〝利《き》かん気〟が強く、腕白でやんちゃな子供だった。活発で、よく動き回った。利かん気、やんちゃこそは、今に至るまで章男という人間の根底にある本性であり心根である。

隣の邸宅の庭に、勝手に入り込んで自転車を乗り回した。いたずらを繰り返しては、名古屋市南山の自宅の地下にあった部屋の押し入れに閉じ込められた。多忙な父親に代わって、母親に厳しくしつけられて育った。

男の子のご多分に漏れず、自動車が大好きだった。章男の周囲には、生まれた時から、当然のようにクルマがあった。それも、外車を含めてさまざまなクルマがあった。

「父にドライブに連れていってもらうことが大好きな子供でした」と、彼は語っている。

章男は、父親の章一郎が運転するクルマの助手席に乗り、開通したばかりの名神高速道路を走った記憶を持つ。おそらく当時の彼は、小学校入学前後だろう。

当時の章男の将来の夢は、タクシードライバー。父親の会社について明確な認識はなく、「毎日いろんなクルマに乗って帰ってくるなぁ」と思う程度だった。

この頃、名古屋とトヨタの工場があった挙母《ころも》市（現豊田市）間を毎日往復するクルマは、3台しかなかった。うち1台が、章一郎のクルマだった。庭先に洗車したてのピカピカのクルマを発見すると、章男は触ってみずにはいられなかった。

「こらッ、坊主！」

いたずら心から泥を塗り、専属の運転手に怒られた。

でも、運転手は、章男を可愛がった。彼がタクシードライバーを夢見たのは、この運転手の影響があったのかもしれない。

国民的大衆車となる「カローラ」が発売されたのは、1966年、章男が10歳の時である。

その頃から、トヨタはモータリゼーションの追い風を受け、販売台数を飛躍的に伸ばし始めた。同年のそれは、乗用車24万5517台とトラック・バス23万7474台に上った。日本の自動車産業が勢いよく伸び、夢にあふれた時代のなかで、章男は育っていく。

御曹司の宿命

意外に思われるかもしれないが、大好きなクルマに囲まれ、経済的にも恵まれた環境とは裏腹に、感受性の強い章男は、つねに「豊田家の息子」のレッテルを貼られ、生きづらさを抱えていた。幼少期からイジメに遭い、自尊心が傷つけられた。御曹司の宿命を背負っていたのである。

「小さい頃は、名前が負担でした。小中学生の頃は、〝どうせ社長の息子〟〝豊田の名前があるからできる〟といわれ続け、自分自身を見てほしいと思っていました」

と、彼は語っている。

愛知教育大学附属名古屋小学校、同中学校を卒業した後、東京に移り、日吉にある慶應義塾高等学校に進学する。なじんだ土地や知人から離れ、知らない土地で、友人は誰もいない高校生活がスタートした。慶應高校は、幼稚舎から上がってきた生徒たちが幅をきかせる。名古屋から上京したばかりの田舎者である彼は、おそらく孤独だっただろう。この時も、「自分は周囲のみんなとは違う」こと、すなわち、豊田家の御曹司であることを、いやがうえにも意識させられた。

豊田家とは何なのか。自分は何者なのか。簡単には答えの出ない問いが、澱《おり》のように心の奥底に溜まり、長く彼を苦しめた。創業家の御曹司として生まれたゆえの、孤独な心の葛藤、アイデンティティー・クライシスの始まりである。

1975年に慶應大学法学部に進学。在学中はホッケー部に所属する。実力で評価されるスポーツの世界で、豊田家とは離れた、「個」としての力で勝負し、評価されたいという切実な思いがあったに違いない。

部内では、他の部員と同じく、荷物運びやお茶くみをし、先輩にアゴで使われる一方、フィールドでは俊足で鳴らし、日本代表に選出されてアジア大会に出場するなど、部活動に邁進した。日本がボイコットした1980年のモスクワオリンピックのホッケーチームの候補選手だった。まさに根っからの体育会系である。彼の実行力、突破力は、ホッケー部時代の経験と無縁ではない。

章男は、いわば、世間でいうところの「知的体育会系」である。「何事も、考える前に、まずやってみる」というのが、体育会系の行動パターンの特徴であるが、章男の信条も、それだといっていい。

章男を知る人々は、超お坊ちゃんの割には案外、俗にまみれていて、下世話なことも知っているというが、これらの側面は多分に、部活動に励んだからに違いない。

3度会社を辞めようと思った

章男は、18歳になるとすぐに運転免許を取得した。仮免許試験の実技で脱輪し、一度は失敗した。免許取得直後、運転中に自宅の前でクルマごとひっくり返った。それを聞いて驚いた章一郎が病院へ駆けつけたところ、もういないといわれた。一瞬、死んだのかと思ったら、家に帰っていたという。

初めてのクルマは、トヨタ「コロナ」で、「学生の時におばあちゃんが買ってくれた。超お坊ちゃんだったからね」と、語っている。おばあちゃんとは、すなわち、章男が心酔する祖父・喜一郎の妻である。もっとも、本当は「セリカ」が欲しかったが、言い出せなかった。こういうところは、つねに周囲に気を遣う彼らしい。

社会人になってから、自分のおカネで中古の「カローラ1600GT」を手に入れた。「羊の皮をかぶった狼」といわれたFR（後輪駆動）車で、「忘れられない青春時代の思い出が詰まったクルマ」と振り返っている。

卒業後は、米バブソン大学経営大学院に留学する。投資顧問会社のスパークス・グループ創業者、阿部修平とは、留学当時からの付き合いで、気心の知れた仲だ。MBA（経営学修士）取得後は、米国に残り、投資銀行エー・ジー・ベッカー&コーに2年間勤務。その後、198

4年に帰国し、トヨタに入社した。27歳だった。

章男は、章一郎から「トヨタに入社しろ」「社長になれ」といわれたことは1度もない。試験を受けてトヨタに採用された。いってみれば〝転職〟したのである。

章一郎からは、「トヨタには、おまえのような者を部下に持ちたい者はおらんだろうな」といわれた。そのとおりであった。

入社してみると、周囲の反応は普通ではなかった。年上の上司でありながら彼に対して敬語を使う者や、おべっかを使う同僚がいた。御曹司として色眼鏡で見られたり、ドラ息子などと蔑視された。お客様扱いを受けた。

彼は、周囲からすれば「仲良くして媚びていると思われたくない人」であり、「気安く話しかけてはいけない人」だった。孤立した存在だった。「俺は、会社にいないほうがいいのか……」と真剣に悩んだ。「おまえのような者を部下に持ちたい者はおらん」という、父親の言葉が実感として迫った。

章男は、2019年9月、トヨタのオウンドメディア「トヨタイムズ」でスズキ会長の鈴木修と対談した。その際、婿養子として鈴木家に入った鈴木は、入社当初を振り返り、「招かれざる客で、生意気だから追い出せという扱いをされた」と昔話をした。すると、章男もまた、似たような境遇にあったとして、「私も大事にされたことは一度もない」と話した。

2人はそれぞれ、後継者候補としての苦労を重ねた。章男にとって鈴木は、同じ苦しみを味わった数少ない理解者だ。

米アップル創業者のスティーブ・ジョブズは、会長時代に社長らから業務を外され、やむなく辞表を提出した。テスラCEO（最高経営責任者）のイーロン・マスクは、南アフリカで生まれ、幼少期にイジメを経験した。ソフトバンクグループ創業者の孫正義もまた、壮絶なイジメに遭った。イジメを克服した経営者は、章男に限らない。

鬱屈した会社生活のなかで、章男は3度にわたって、本気で会社を辞めようと考えたといわれる。むろん、辞めたいと思っても、御曹司は簡単に辞められるものではない。だからこそ、余計に苦しかったに違いない。

サラリーマン時代に、章男が足繁く通った場所がある。長野県木曽郡王滝村にある新滝だ。御嶽山の3合目付近に位置し、古くから行者が滝行を行ったことで知られる。

章男は、30メートルの高さから落ちる滝の水に打たれるために、そこへ通った。

「いったいなぜ、自分は豊田の姓を持って生まれてきたのか」

「自分はいったい、何者なのか」

苦悩し、懊悩《おうのう》し続け、それを浄化する術《すべ》を模索した。

滝行から戻ると、部下だった現副社長の友山茂樹に、こんな話をしている。

「滝に入るときには、逆らおうとしてもダメだし、怖いと思うと入っていけない。うなだれればむち打ちになる。真正面から飛び込んで、滝と融合しないとダメなんだ」

あらがうことのできない自分の運命や、激しい時代の流れに、逆らうでも流されるでもなく、自らの意思や存在をきっちりと見出したい……。滝行に励む章男には、そんな思いがあった。滝行は、およそ10年間続いた。

後に詳しく触れるが、実は、彼がある出来事をきっかけに、その懊悩から解放されるのは社長になって以降である。

苦しみ抜いてもひねくれず、真っすぐ歩み続けたのは、育ちのよさに加えて「負けてたまるか」という気の強さ、利かん気に行き着く。章男は、社内でつねにぶつかり合い、戦いを続けた。「おまえじゃできないだろう」と言われてきたがゆえに、悔しさをテコにあらゆる困難を乗り越えた。

彼は、こうと決めたら他人がどう言おうと、突き進む。「本性」である。軸がぶれないのは、そのせいだ。

「叱られたことはあるか」「ありません」

サラリーマンのセオリーでは入社後、昇進するごとにふさわしい仕事が与えられる。加えて、トヨタでは、技術者の場合、エンジン屋、車体屋など「機能」に配属されると部長になるまで、うまくいくと役員になるまで、その機能を出ることはない。いわば、所属した機能が本籍地となり、ずっと面倒を見てくれる。

ところが、章男はその2つとも違う道を行った。御曹司の章男を鍛えるためか、さまざまな部署に配属された。

章男が入社直後、配属されたのは、元町工場工務部日程課だった。本来の配属は経理部だったが、「せっかくトヨタに入ったのだから、工場勤務から始めさせてほしい」と、章一郎に頼み込んだ結果である。「わがままは3年だぞ」と言われて許された。

工場では、工長が章男の世話を焼いた。工場で働く仲間たちは、廃品の自転車の山から、壊れていない部品を集めて、章男のために自転車をつくってくれた。彼は、その自転車に乗って構内を動き回った。

章男の上司は、TPS（トヨタ生産方式）に精通した林南八だった。林は章男を預かる際、上司からまず「工場をご案内しろ」と言われた。

「新入社員のくせに、何がご案内だ！」

と、憤った林は、章男に尋ねた。

「君、目いっぱい叱られたことはあるか」

「ありません」

「それは不幸なことだ。幸せにしてやるから覚悟しとけ！」

林は、怒ると平気で灰皿を投げるような激しい人柄で、遠慮なく章男を叱り飛ばして教育した。

ある時、章男が担当する生産ラインの部品が足りなくなった。このままでは、それこそラインがストップする。彼は夜8時ごろ、林の元に相談に行った。

「どうしたらいいでしょうか」

「こんな時こそ、何とかするのが工務部だろう！　自分で何とかしろ！」

章男は、突き放された。

考えた末、彼は、信じられない行動に出た。1人で部品メーカーの工場に出向いたのだ。別の部下からそれを聞いた林は、血の気が引いた。

「何で行かせた！　社長の息子に何かあったらどうする！」

と、部下を怒鳴った。

工場は真っ暗で誰もいない。いたのは守衛だけ。章男は、守衛に事情を話したうえで、倉庫に案内してもらった。必要な部品を探し出し、カンバン（伝票）を置かず、名刺を1枚置いて持ち帰った。

待っていたのは、林の怒声だった。

「おまえ！　何やっとったんだ、バカヤロウ！」

叱りつけたものの、「度胸の据わった男だな」と、林は内心、舌を巻いた。

その後、章男は財務部に配属された。財務部時代の上司は、現トヨタ副社長でＣＦＯ（最高財務責任者）の小林耕士だ。章男と副社長の6人を含む現在の経営チームの一員で、トヨタの大番頭だ。

小林も、厳しく章男を鍛えた。章男はすぐに社長になるわけではない。しかし、「その自覚を持っていない限りは、未来のトヨタ社長は務まらないぞ」と、小林は叱咤激励した。

1990年、章男は、生産調査部に異動する。TPSを確立した大野耐一が、TPSの現場への浸透を目指して創設したセクションで、厳しいことで有名だった。再び、林が上司になった。章男は、生産調査部時代について、こう回想している。

「いろんな方から薫陶を受けましたが、いちばん学ばせていただいたのは、現地現物の大切さです。見てもいないのにいいかげんなことを言うな。必ず、現地現物で見て、確認してこいと言われ続けました」

章男の周囲には、彼を本気で育てようとする上司はいなかった。彼は、どうしたか。自ら現場で師匠を見つけては、食らいついていき、仕事を覚えていった。それが、工務部や生産調査部では林であり、財務部では小林だった。

信号待ちの隙に、トラックに乗り込む

「私は、入社10年目の1991年、生産調査部に配属になりました。当時の直属の上司が、

係長になりたての豊田さんだった。おそらく、私が初の部下だったたんじゃないでしょうか」

そう回想するのは、前出の友山である。

友山はその頃、トヨタからの転職を考え、『DODA』などの転職雑誌を読みあさる日々を送っていた。章男と友山が、ともに生産調査部で働いたのは、1年間に過ぎない。しかし、その短い間に、章男は友山に強烈な印象を残した。

「とにかく、変わった人だなぁと思った」

と、友山は語る。

彼は章男と、愛知県高岡工場の「カンバンぶれ」の改善に取り組んだ。TPSに「必要なものを必要なときに必要なだけつくって運ぶ」という仕組みがある。それを実行するための道具としてカンバンが使われる。部品箱の一つひとつにカンバンが付けられ、部品を1つ使用するとそれを外す。組立工場は外されたカンバンを回収し、部品工場へ届ける。こうすれば、部品工場はつくりすぎのムダがなくなり、組立工場も使わない部品を置いておくムダな場所がなくなるのだ。

だが、あるとき、高岡工場に荷を納入するトラックの積載効率が低いことを新聞に叩かれた。カンバンぶれはどの程度あるのか。実態調査をしなければならない。しかし、どうやって調査すればいいのか。

すべての原点は、現地現物だ。章男は、これまた突飛な行動に出た。

当時発売されたばかりのモスグリーンの高級クーペ「ソアラ」のハンドルを自ら握り、助手席に友山を乗せて、仕入先を出発したトラックを追跡した。赤信号で、トラックが停止した時だった。

「俺はトラックに飛び乗って運転手に話を聞いてくるから、おまえはこのクルマを代わりに運転して、跡をつけてこい！」

何を血迷ったか、章男はそう言って運転席を飛び出し、トラックのドアをドンドンと叩いたかと思うと、そのままトラックの助手席に乗り込んだ。運転手は驚き、その勢いに恐れをなした。無鉄砲である。まるで、突貫小僧ではないか。

友山は、衝撃を受けた。

章男は、見ず知らずの運転手から話を聞き込んだ内容をメモしたペーパーを友山に見せたうえ、次のように語った。

「現地現物でしか、本当の姿はわからない。トラックの問題は、トラックに乗ってみないとわからないよね」

当時から、彼は全身〝TPS人間〟だった。

「頭で考える前に行動せよ、考える暇があったらやってみろと、豊田係長に教わった気がしました。平凡なサラリーマンの俺は、逃げまくっていたなと反省し、転職雑誌を読むのをやめました」

と、友山は振り返る。

ちなみに、友山は、林と章男の部下として働いた時代、仕事のストレスから円形脱毛症になった。あるプレゼンの場で、「気が抜けなくて、毛が抜けました」と冗談を言ったところ、大いにウケた。

すると後日、章男から高級育毛剤を渡された。しかも、正しい使い方が手書きで記されたペーパー付きだった。「かわいそうに」という同情や、お情けではない。茶化しつつ、心配していることを伝え、「頑張れよ」という思いを込めたプレゼントだ。章男流の優しさといっていい。

販売にTPSを導入も無視される

章男はその後、1992年に生産調査部を離れて営業部門に配属された。カローラ店の北陸長野地区担当員として販売現場を経験する。通常ならば、地区担当員は、課長以上の者が就くのだが、章男は係長で就いた。

章男にとって、現場ほど自らの存在を確認できる場所はなかった。1995年、彼は他部署にいた友山に電話を入れた。

「友山よ、組立工場を6時間で出たクルマが、販売店で何週間も滞留している。野ざらしで、修理しないと売れないクルマまである。トヨタのジャスト・イン・タイムは、工場の中だけなのか。営業の物流改善をやる組織をつくる。一緒にやってもらうからな」

当初は、限られた地域での物流改善だった。が、全社的な取り組みに拡大するため、翌1996年、国内業務部に業務改善支援室が設立された。初代室長は前出の小林で、課長が章男、係長が友山という布陣だった。当時、トヨタ自動車販売とトヨタ自動車工業の合併からすでに14年を経ていたが、TPSの基本的な考え方は、自販に浸透するどころか、まったく入っていなかった。

章男がリーダー、友山がサブリーダーとなり、営業分野にTPSを導入すべく、工場や生産調査部など、本社のある三河から物流や工場改善の現場のスペシャリスト約70人を集めて部隊を結成した。「チームCS（顧客満足）」だ。名古屋市中区の久屋大通沿いの国内販売の司令塔である国内企画部に乗り込んだ。章男は、改革意欲に燃え、突っ走った。

しかし、反応は冷たかった。

「生産の人間に販売の何がわかるか。TPSなど、販売に通用するわけがない。どうせ失敗するから、かかわらないほうがいい」

敬遠された。完全に、招かれざる客だった。

「背広を着た人ばかりのエリート組織に、作業着姿で出入りしますから、『納品は裏からにして』とか言われてね。三河のサルとまでは言いませんが、田舎者が何しに来た、という感じでしたよね」

と、友山は苦笑する。徹底的に無視された。

それでも、章男と友山は、やる気のあるディーラー（販売店）からTPSの導入を開始した。効果を広めるには、大手のディーラーから変える必要がある。

2人は当時、販売店のドンと呼ばれた勝又基夫の率いる「トヨタ勝又グループ」を攻めることにした。千葉市に本拠を構える有力ディーラーだ。

ところが、勝又は、訪問した章男と友山を相手に自慢話ばかりを聞かせ、2人の話に耳を傾けようとはしなかった。最新式のラック式自動倉庫を見せ、「東洋一の新車点検工場だ」と得意顔だった。

2人は、直球勝負に出た。

「ハエがたかるみたいに、クルマに整備員がたかっているじゃないですか」

現場の業務効率の悪さを、痛烈な言葉で批判した。当然ながら、勝又は激怒し、けんか別れとなった。若気の至りである。

勝又は大人だった。1週間後、独りで販売担当常務を訪ね、「ぜひ、うちの改善をやってください」と頭を下げた。

「よくよく考えられたんじゃないでしょうかね。勝又さんはそういう方で、カッとなるけど、きちんと考えて対応してくださった」

とは、友山の回想である。

現場に入り込んだ業務改善の結果、同社の180人いた整備員は130人まで減った。余った人材は、勝又グループのほかの販売店の改善メンバーに振り替えた。最終的に、勝又は、「初めてメーカーと心が通った気がした」と語り、業務改善支援室の活動を高く評価した。

「章男のホビー」と陰口

「俺は王様、おまえは将軍になれ」――。

友山は、章男に呼ばれて1996年に業務改善支援室を立ち上げた際、章男から、冗談とも本気ともつかない言葉を投げかけられた。この言葉を、友山はいまだに覚えている。

「当時は、70人の〝やさぐれ部隊〟を率いる課長が豊田さんで、係長が僕で、王様も将軍もねぇだろうと思いました」

さらに、章男はこうも言った。

「どこと戦うかは王様が決める。どうやって戦うかは将軍がやれ」

それから、彼は常々こうも語った。

「社長は決める人、責任を取る人だ」

つまり、章男は決める人、すなわち決断の人である。彼は、決断について、こうコメントしている。

「直感の3秒で決めることが多いですね。ただ、その決断によって痛みを被る人、苦労する人がどれくらいいるかを理解していない限り、3秒で決めてはいけないと思っています」

決断をする王様は、時に嫌われ、非難を浴びる存在だ。しかし、望むと望まざるとにかかわらず、章男は王様を演じなければならず、孤独、孤高を抱え込むことになる。それは、御曹司の宿命だ。

当時の章男の考え方の基本は、工場の外にまでジャスト・イン・タイムを広げることだった。国内営業の地区担当員時代から、新車の在庫削減のため、注文から生産に取りかかるまでのリードタイム短縮に向け、物流改善に取り組んでいた。次に取りかかったのは、中古車市場の物流改善だ。

章男は、販売の業務改善に携わるなかで、クルマはつくって売って終わりではなく、むしろ、売った後、いかに顧客接点を持ち続け、長期的に信頼関係を維持するかが重要だと考えていた。この頃から口癖のように「顧客接点が欲しい」と言い始めた。折から、時代はＩＴ（情報技術）普及期である。１９９５年にマイクロソフト「ウィンドウズ95」が発売されて以降、パソコンやインターネットが個人ユーザーにまで一気に普及した。ＩＴ革命である。

当時、中古車は、下取り後、架修や商品化を経て展示場に並び、販売すなわち換金されるまでに、40日以上を要するのは当たり前だった。販売店のキャッシュフローを改善するためには、下取り車の再販までのリードタイム短縮が必須だった。

章男と友山は、TPSの基本であるジャスト・イン・タイムと、リアルタイムでつながり続けるインターネットの相性のよさに、早くから気づいていた。

そこで、章男らは、販売店が下取りした中古車の情報を、インターネット上で共有することを考えた。下取り車をデジタルカメラで撮影し、画像をインターネットに上げ、販売店に置いたキオスク端末で見積もりや商談を行うシステムを模索した。

もっとも、当時、社内には、章男と友山の理解者は少なく、孤立無援状態だった。何かをなそうにも、ヒト、モノ、カネのすべてが不足した。予算をつけてもらえなかった。

「会社におカネはあったんでしょうが、若手のチームに予算はつけたがらないのが、大企業なんですよ」

と、章男は、後に語っている。

システムを開発しようにも、画像を高速処理できるパソコンは高価で手が出ない。友山は、章男に相談した。

「どうすれば解決するんだ」

と、章男は聞いた。

「新しいパソコンを買えれば、いけます」

と、友山は答えた。

「いくらするんだ」

再び、章男は尋ねた。

「10万円です」

友山は答えた。章男は、財布を取り出すと、中から札を引っ張り出した。

「これでつくれ」

さすが御曹司というべきか。章男は、ポケットマネーの10万円を、ポンと友山に差し出した。

「社長は昔から、目的遂行意識がむちゃくちゃ強い。頭の中には目的に向けて今やらなくてはならないことと、やってはいけないことの2つしかない。やったほうがいいか、やらないほうがいいか……と迷うのがおかしいという考え方です」

と、友山は語る。

パソコンの購入は今やらなくてはならないことであり、そのためのおカネが財布に入っていたから出した。それが、この時の章男の行動の真相だろう。

章男の金銭感覚は、若干、庶民とは異なる。兆や億といった財務上の数字や、クルマの価格なら正しく理解しているが、庶民的な数字には、やや疎いのかもしれない。友山は「昔、社員食堂の食券の束を貸したけど、まだ返してもらっていない」と、苦笑する。章男は、カネに関してはおおらかなのだ。

友山は、章男の10万円を持って、名古屋市中区大須の電気街でパソコンの部品を買いあさると、自宅2階に章男を含むメンバーと引きこもり、みんなでパソコンづくりを始めた。

組み立てたコンピューターにウィンドウズをインストールすると、高らかな起動音とともに画面が立ち上がった。メンバーから、わッと歓声が上がった。ガレージから創業するシリコンバレーのベンチャー企業の姿と何ら変わらない。章男は、「あの時の歓声は、今でも覚えている」と懐かしむ。

「ＵＶＩＳ（中古車画像情報システム）」と名づけられたシステムは、１９９６年秋、トヨタカローラ香川店に試験導入された。社内は「画像でクルマが売れるわけがないだろう」と、冷ややかな反応だった。

しかし、成果は上がる。ネットに画像を上げれば、下取り車は、架修中であっても商談が進む。試験導入を進めるうち、査定から換金までのリードタイムは約10日間改善。また、中古車の売り上げが１７０％伸びた。

１９９７年9月、ＵＶＩＳに新車情報や、車検・点検の見積もり、下取り価格情報など機能を拡充したシステムの全国展開が、トヨタの専務会に諮られた。営業部門からは、「販売店のテリトリーをどうするのか」などと、強い反発が起きた。

結果的に、１９９８年4月から、とりあえず27販社に試行展開することが決まったが、システムのネーミングをめぐって一悶着あった。

「なぜ製造業のトヨタが、ＩＴのようなお遊びをしなければいけないのか」

ＩＴ事業は、社内から低く見られ、章男らが開発したＵＶＩＳは、トヨタ公式とは認められず、トヨタのブランドを名乗ることは許されなかった。

仕方なく、章男と友山は、「画像」と、動物園の「ＺＯＯ」をかけて「ＧＡＺＯＯ（ガズー）」と命名した。ＧＡＺＯＯを搭載したマルチメディア端末は、当時、社内から「章男のホビー」と陰口を叩かれた。

「豊田さんと一緒に、ずいぶんイジメられましたよ」

と、友山は回想する。章男にとっても、ＧＡＺＯＯ事業部長を務めていた頃が、最もつらい時期だった。

業務改善支援室以降、章男は、社内の勢力とつねにぶつかり続けた。トヨタの枠を突き破る挑戦であっただけに、会社側の反対や嫌がらせはその後も続いた。

しかし、我慢強い章男は、苦悩しながらも、決して後退せず、戦うことをやめなかった。その過程で、章男の経営の原点が形成されていく。

「うるさい！　おまえは降りろ！」

１９９８年４月、ＧＡＺＯＯの全国試行展開のスタートと同時に、章男は、米ＧＭ（ゼネラル・モーターズ）との合弁会社「ＮＵＭＭＩ（ヌーミ）」に副社長として出向する。その間、

ＧＡＺＯＯの展開を現場で取り仕切ったのが、友山だ。

ＧＡＺＯＯは同年、会員制ウェブサイト「ＧＡＺＯＯ.ｃｏｍ（ガズー・ドット・コム）」を立ち上げ、家庭のパソコンからも検索可能とした。さらに、１９９９年以降、加速度的に会員数、商談件数を伸ばし、全国の３０００店舗の販売店に展開した。

とはいえ、ＧＡＺＯＯはトヨタ本体からは、相変わらず邪険にされ、友山は事業拡大のため、資金集めに奔走する日々を送っていた。継子《まま こ》扱いだった。

そこに、予期せぬ提案が持ち込まれた。

「友山さん、６００億円くらい手に入るよ」

当時はＩＴバブル全盛期。複数の証券会社から、ＧＡＺＯＯ上場の甘い誘いがかかった。

その頃、ＧＡＺＯＯは、約６万台の中古車が登録され、日々多くの商談が行われるデータの宝庫に成長していた。資金不足に悩んでいた友山は、その話に飛びついた。

「これだ！　スピンアウトして上場だ！」

彼は、上場を目指して動き始めた。すると、北米にいた章男が突然帰国し、友山に言った。

「今、おまえが会っている輩《やから》たちに、全員会わせろ」

友山の不審な動きをかぎつけたのだ。

友山は、章男を関係者に引き合わせたが、帰りのタクシーで、けんか腰の言い合いになった。

「おまえは、軸が曲がっている！　何のためのＧＡＺＯＯだ！　誰のためのＧＡＺＯＯだ！」

と、章男は声を荒らげた。友山も負けじと反論した。

「上場しておカネが集まれば、GAZOOをもっと大きくできます！」

「大きくするためのGAZOOなのか！　それを、軸が曲がっているというんだ！」

カネの亡者になったと疑われた友山は、なお反論した。2人の声はどんどん大きくなり、大げんかになった。

東京都内の渋谷交差点にさしかかった時だった。ついに堪忍袋の緒が切れたのか、章男は怒鳴った。利かん気の発動、「本性」の爆発である。

「うるさい！　おまえは降りろ！」

友山をタクシーから放り出した。あいにく、大雨が降っていた。友山はズブ濡れになった。

「情けなくて涙が出ましたよ」

そう述懐する友山だったが、冷静さを取り戻すと、こう思い直した。

「でも、よく考えたら、楽をして大きくできるとか、GAZOOを有名にしたいなど、世の中のためより、組織や自分、部下たちのために動いていたなと反省したんですね」

章男と友山の2人の付き合いは、1991年の生産調査部時代から数えて、今年で30年になる。

「私が2018年に副社長になったことについて、お友達人事と批判されることがありますが、社長を友達と思ったことはないし、社長はもっと思っていない。プライベートで、海やゴルフどころか、飲みに行ったことさえありませんから」

と、友山は言った。

その距離感は、友山が「御曹司に付け入っている」と批判されるのを避けるための章男の気遣いとも読める。章男は当初から、自らの立場をわきまえていた。

2人でソフトバンクに殴り込み

章男と友山が、社内の抵抗と向き合いながら、GAZOOの全国展開に向けて奮闘していた1999年のことだ。冷や水を浴びせられるような出来事が起きた。

同年8月、ソフトバンク社長だった孫正義が名古屋を訪れた。米マイクロソフトのネットディーラーシステム「カーポイント」を日本で展開するにあたり、トヨタ販売店に売り込みにきたのだ。章男らにとって、そんな話が現実化すれば、これまでの苦労は水の泡、それこそおまんまの食い上げだ。

「GAZOOにすべてを懸けていた私たちからすれば、まさしくありえない話でした」

と、章男は振り返っている。

孫は、1994年にソフトバンクを上場し、1996年に米ヤフーとの合弁会社ヤフーを立ち上げ、まさに時代の寵児だった。一方、章男はといえば、天下のトヨタとはいえ、GAZO

0の社会的知名度はゼロに等しく、社内からさえ冷たくあしらわれていた。課長と係長に過ぎない章男と友山は、緊張し、余裕を失った。

2人は、「冗談じゃない」と激しく反発し、翌9月に東京・箱崎の孫を訪ねた。殴り込みをかけたのだ。

孫は、そんな2人を、ニコニコと迎えた。

孫は、章男らが申し出を断る旨を伝えると、「そうですか」と応じた。「がっくりしましたよね」と、後に語っているが、あくまで紳士的に対応した。

友山は、次のように苦笑しながら振り返る。

「今思えば、孫さんは大人だったけど、僕らは子供っぽかった。ババッと勢いよくしゃべったから」

これには、後日談がある。20年を経て、トヨタとソフトバンクの若手ワーキングチームがモビリティ事業の連携を模索するうち、目指すビジョンや事業内容が一致し、提携の話が持ち上がった。話を進めるため、トヨタ側から、ソフトバンクを訪ねてくるという。

孫は、昔の話を忘れていなかった。かつての光景を思い浮かべながら、こう言った。

「えッ、それはマジか！」

しかも、社長の章男が直々に孫を訪ねてくると知って、再び言った。

「マジか！」

〝2回のマジか事件〟の真相である。

遺恨を超えて、両社は自動運転技術などを用いる移動サービス事業で業務提携する一方、2018年10月、ソフトバンクが50・25％、トヨタが49・75％を出資する合弁会社「MONET Technologies（モネテクノロジーズ）」を設立すると発表した。

発表会には、20年前と同じく、豊田、友山、孫の3人が顔をそろえた。

「時が来たということです。お声がけした結果、選んでもらえてよかった」

と、章男は語った。

それはさておき、GAZOOは、顧客接点を増やすため、1999年末、服や日用品などを販売する「GAZOO商店街」をスタートさせてeコマース（電子商取引）に進出した。トヨタの金融子会社と連携した金融モールも開設した。米アマゾン・ドット・コムの日本語サイトがオープンしたのが2000年11月であることを考えれば、その先進性がわかる。

2000年1月、GAZOO事業部が設立された。GAZOOはTSUTAYAと連携し、音楽を購入してMDなどにダウンロードできる仕組みや、ぴあと連携したチケットの販売などを次々と手がけ、同6月、GAZOO搭載の新型端末「E‐TOWER」を発表した。これに目をつけたのは、販売店より、むしろコンビニエンスストアだった。

章男と友山は、約7000台のE‐TOWERを、1台200万円でコンビニに納入。24時間保守と衛星通信によるコンテンツ配信を、月3万円で請け負う事業を開始した。

「コンビニへの導入は、本当はトヨタ自動車のなかで、事業としてやりたかった」と、友山は言う。しかし、この段階でも、やはり、トヨタのブランドを名乗ることは許されなかった。またもや、反対された。

「そんな、リスクの高い、わけのわからないものは、外でやれ」

仕方なく、社内に別会社ガズーメディアサービスを立ち上げた。現在のトヨタコネクティッドの前身だ。初代社長は章男、副社長は友山で、部下は数人に過ぎなかった。

結局、コンビニ事業は、契約期間の5年で見切りをつけ、あるシステム会社に譲った。

しかし、GAZOOで培ったノウハウは、その後、車載情報通信システム「G-BOOK」「G-Link」へとつながる。さらに、現在のモビリティサービス・プラットフォーム（MSPF）や「MaaS（マース／モビリティ・アズ・ア・サービス）」事業へと発展する。

実に厄介な社員だった

章男が、GAZOOを通じてITやネットワークに精通したことの意味については、自動車産業より、むしろIT産業の関係者のほうが詳しく知っていた。

パナソニック代表取締役専務執行役員で、社内カンパニーであるコネクティッドソリューションズ（CNS）社の社長を務める樋口泰行は、章男のITリテラシーの高さを指摘する。樋口は、2007年から2017年まで、日本マイクロソフトの最高執行責任者、社長、会長を歴任した。トヨタとの付き合いは長い。

トヨタは2011年、テレマティクスサービス展開のためのグローバルプラットフォーム構築に向け、米マイクロソフトと戦略的提携を結び、同社のパブリッククラウドサービス「ウィンドウズ アジュール」の採用に踏み切った。

現在でこそ、パブリッククラウドサービスといえば、アマゾン、グーグル、マイクロソフトの3大勢力が席巻し、グローバル大手企業もそれらのサービスを使うのは当然の時代になった。しかし、当時のクラウドサービスは、まだ社会的認知度は高くなかった。

章男と友山は、多くの国内企業のシステムが、独自性や自前主義を重視して閉鎖的だったなかで、マイクロソフトとの提携によりオープンかつ拡張性を当初から志向したのだ。

「まさかトヨタが、パブリッククラウドにミッションクリティカル（業務遂行に必要不可欠）なシステムを預けるのか、という感じでした。そのオープンさは、従来のトヨタとはまったく逆の志向です。クラウドが市民権を得るための象徴的なケースになりましたね」

と、樋口は振り返る。

章男は、持ち前の利かん気で、GAZOOの旗の下に〝アンチトヨタ〟として、トヨタのあり方をつねに問い、トヨタに戦いを挑む立場を貫いた。

「私は、実に厄介な社員だったと思いますよ」

と、章男は若きサラリーマン時代を回想して語っている。

今、トヨタが掲げる「モビリティカンパニーへの転換」は、その戦いの続きと見ることができる。

第2章　居場所——もう1つの顔

ドライビング師匠との出会い

豊田章男は、3度会社を辞めようと考えるほど社内に居場所を見つけることができなかった。しかし、40代後半になって己の居場所を発見する。

彼は、テストドライバーとしてのドライビング技術を学び始める。そのプロセスで、社長就任後に章男が唱える「もっといいクルマづくり」の考え方をつくり上げていくことになる。

よく知られるように、章男には、トヨタ自動車社長すなわち公の顔のほかに「モリゾウ」というドライバーの顔がある。彼は、2つの顔を持つことにより、かろうじて精神の平衡を保ったといえる。

2019年1月14日、米デトロイトモーターショーでの出来事だ。

大音量のＢＧＭが響く中、舞台の上手から、１台の真っ赤なスポーツカーが滑り込んできた。ゆっくりとカーブを描いて舞台を横切り、下手に停車した。降り立ったのは、紺色のスーツに黒縁眼鏡の章男である。17年ぶりに復活した新型「スープラ」の発表だ。

「I like it in there so much! I almost didn't get out.（とても気に入ったね、降りるのをやめるところだったよ）」

彼は、さもいとおしそうにスープラのルーフを軽く叩き、満面の笑みで語った。

「皆様に、私の最も親しい友人を紹介できて光栄です」

トヨタの新車発表会で社長がプレゼンテーションを行うことは異例だ。章男にとってスープラは特別なクルマである。

章男とスープラを物語るとき、欠かせない人物がいる。

彼がドライビングの師匠と仰ぐ、伝説のマスタードライバー・成瀬《なるせ》弘《ひろむ》である。もし成瀬と出会っていなければ、彼は、モリゾウの顔を持つこともなかったのではないか。

章男と成瀬の出会いは、２００２年、章男が46歳の時にさかのぼる。

章男は、業務改善支援室やＧＡＺＯＯ事業部で販売の改革に一定の道筋をつけた後、開発部門の改革に取り組むべく、技術部門に踏み込んだ。彼は、ますます改革意欲に燃えていた。

今なお「白い巨塔」と揶揄される開発部門は、販売部門以上に組織の壁が厚く、章男の訴えは、なかなか内部まで届かない。若さに任せて強引にどんどん踏み込み、深耕していった結果、彼が行き着いたのは、開発の現場だ。

そこで、テストドライバーの成瀬に出会ったのだ。

章男は、成瀬に対し、「もっといいクルマをつくりたい」と自らの思いを説明した。ところが、それを聞いた成瀬は、初対面にもかかわらず、章男を一喝した。

「運転のこともわからない人に、クルマのことをあだこうだ言われるのは迷惑だ！」

このとき、章男は、社内の上級運転資格を取得済みで、ドライビングテクニックに関して、そこらのシロウトの比ではなかった。加えて、彼は、その時常務だった。むろん成瀬は、「豊田」の姓を持つ彼の立場を知っていた。にもかかわらず、遠慮のカケラもなかった。いきなり一発かましたのだ。なまじの覚悟ではない。

成瀬には、おそらく、強い危機感があったのだろう。

成瀬は１９４２年生まれで、章男より14歳年上だ。岐阜県の専門学校で自動車整備を学んだ後、１９６３年に臨時工としてトヨタ自動車工業に入社した。翌年に本工として採用され、以後、技術部車両実験課で、テストドライバーとしてキャリアを積んだ。

テストドライバーは、試作車の耐久性や走行性能などを評価し、開発に反映させる技術者だ。高い運転技術はもちろん、メカニズムの知識が求められる。トヨタ社内には、約３００人のテストドライバーが在籍する。そのうち、最終試験を担当するのは〝トップガン〟と呼ばれる少数のテストドライバーだ。

そのトップガンの頂点に立つのが、マスタードライバーである。当時、成瀬がそうだった。寡黙で厳しい、典型的な現場のオヤジだった。

「私らテストドライバーは、いいクルマをつくるために命懸けでテストしているんだ。そのことは理解してほしい」

と、クギを刺したうえ、こう付け加えた。

「その気があるなら、俺が運転を教える」

章男は、即答した。成瀬に頭を下げ、弟子入りした。

決して若くはなかったが、成瀬の率いるトップガンたちに交じって、クルマを評価できるようになるため、命懸けの猛特訓を受け始めた。

創業者の喜一郎をはじめ、英二、章一郎、達郎と、歴代の豊田家出身社長がすべて、理系であるのに対し、章男は文系で理系の専門知識がない。したがって、エンジニアたちと高度な技術論を話し合う際、章男は気後れした。頑固な開発部門の技術者を説得し、改革を推し進めることはできるのか、不安があったかもしれない。

一種の技術コンプレックスといっていいだろう。トップガンにふさわしいドライビングスキルを身に付けることは、開発部門の改革に当たって、欠かせない。現に、「正しい運転の仕方を学び、エンジニアとの共通言語を持つことが目的だった」と、自ら語っている。

トヨタは、１９９０年代以降、急速に世界販売台数を伸ばし続けた。１９９７年には初代

「プリウス」を発売した。「トヨタ＝環境」のイメージが定着した。

そんな折、本格的スポーツカー、スープラの生産を終えた。くしくも、章男と成瀬が出会った2002年のことだ。さらに、3年後の2005年には、「アルテッツァ」の生産も終了した。トヨタは、大衆車を大量生産する傍らで、「走る歓《よろこ》び」を感じられるような、クルマ好きのためのクルマをつくらなくなってしまった。

つまり、トヨタのブランドを冠する本格的スポーツカーは、ラインナップから姿を消した。復活は、章男が社長就任後の2012年の「86《ハチロク》」まで待たなければならなかった。

前述の新型スープラについて、章男は2019年、当時自らが週1回、DJを務めていた愛知県のFMラジオ番組「DJモリゾウ　ハンドル・ザ・マイク」のなかで、次のように言った。

「クルマがコモディティ化しても、クルマ好きに慕われるクルマは絶対に必要。フルラインメーカーであるトヨタは、ファン・トゥ・ドライブ、ワクワクドキドキするクルマづくりを、絶対にやめてはいけないと思っています。しかしながら、トヨタは一時、〝量〟を追った時代に、こうしたクルマを全部ドロップして（やめて）きた。社長になって復活させたいと思ってきたけれど、実際には、10年の歳月がかかってしまった」

反対押し切りニュル24時間レース出場

成瀬の下、章男の運転訓練がスタートしたとはいえ、常務であった彼が訓練にかけられる時間は限られていた。短期間でスキルを身に付けるため、彼は大好きだったゴルフをキッパリと断った。ベストスコアは70台の腕前だったが、未練はなかった。必死に成瀬に食らいついていった。成瀬は、林南八や小林耕士と同じように、章男が現場で見つけた師匠だった。

訓練に使用したクルマは、生産を終了したスープラだった。

正しいドライビングポジション、ブレーキングなど、基本のキから始まった。たとえば、発進から2速、3速とシフトアップしていき、フルアクセルの状態からフルブレーキングで急停車する訓練を受けた。目印として置かれた赤い三角コーンを目指してスピードアップし、三角コーンの直前で急停車する単純な操作を、何度も何度も、ひたすら重ねた。鬼気迫るものがあった。

彼はもともと体育会系で、アスリートだ。周囲があきれるほど訓練に没頭し、1度テストコースに出ると、ガソリンがなくなるまでピットに戻ってこなかった。

チームのメンバーは、章男が来る日には、半ば本気で「ガソリンを半分抜いておけ」と話した。

章男は、成瀬の運転するスープラの後ろを、やはりスープラに乗って、必死に追いかけた。

「スープラがなければ、私はマスタードライバーにはなれませんでした」と、彼が語るゆえんである。当初、ほかのテストドライバーたちは、章男からのもらい事故を恐れて一緒に走ってくれなかった。

訓練を重ねる彼の傍らには、いつも成瀬の姿があった。成瀬は、章男に絶対に事故を起こさせないという信念を持ち、章男の乗るクルマの整備をつねに気にかけ、訓練を必ずそばで見守った。

彼は、運転技術が上達すると、ニュルブルクリンク（略称ニュル）のコースに出て、成瀬からさらに高度な運転技術を教わった。

ニュルとは、ドイツ西部の山岳地帯に設けられた、世界一過酷といわれるサーキットだ。1周約20キロメートルの北コースと、F1グランプリなどが開催されるGPコースからなる。

ニュルの北コースは、高低差約300メートル、カーブの数は170を超える。路面はうねりが多く、コース幅もエスケープゾーン（コース脇の退避場所）も狭い。1周20キロメートルを走れば、クルマには、一般道を800キロメートル走ったのと同等の負荷がかかるといわれる難コースで、グリーンヘル（緑の地獄）と呼ばれている。

章男が、成瀬とニュルを訪れた際、多くのメーカーは、2年から3年後に発売を予定するカモフラージュされたプロトタイプを走らせていた。ポルシェ、ダイムラー、フォルクスワーゲン、アウディ……。時速は２００キロメートルを超える。
その横を、章男たちトヨタのチームだけが、中古のスープラで走行する。20キロメートルのコースは、１周約10分。「10分後、生きて帰ってこられるだろうか……」と思いながら、章男は必死でハンドルを握った。恐怖心に加え、他メーカーからの冷ややかな視線が章男を刺した。成瀬は言った。

「ドイツメーカーを見てみろ。それに比べて、トヨタがここで勝負できるクルマは、スープラしかないんだ」

章男は、「いつか、絶対にスープラを復活させる」と、固く心に誓った。スープラの復活について、彼が「私の悔しさが、復活の原動力になった」と語っている裏には、そのような背景があった。

２００７年、世界一過酷なモーターレースといわれる「ニュルブルクリンク24時間耐久レース（ニュル24時間レース）」に章男を誘ったのもまた、成瀬だった。章男は、副社長になっていた。51歳だった。

ニュル24時間レースは、プロ、アマチュアを問わず２００以上のチームが参戦し、時速２００キロメートルを超えるスピードで24時間走り続け、走行距離を競う。世界最大の草レースといわれる。通常のレースでさえ、前を走るクルマを抜くことは危険を伴う。ニュルのコースは、抜くにも抜かせるにも、通常のコース以上に高度なテクニックが求められる。

毎年、事故や車両トラブルが頻発する。経営幹部は、章男に対して、「危険すぎる、立場をわきまえてほしい」と諫言《かんげん》した。

自動車メーカーの社長で、レース経験者といえば、ホンダ創業者の本田宗一郎が有名だ。彼は戦前、アート商会の徒弟時代に、主人を手伝って競走車「カーチス号」をつくり、メカニックとしてレースで同乗した。１９３６年には、東京・多摩川べりで行われた全日本自動車競走大会に出場し、ゴール直前に大クラッシュを起こして、顔の左半面が潰れるほどの瀕死の重傷を負ったことがある。

父親の章一郎も、レース出場に反対した。一般常識からすれば、当然だろう。しかし、章男は聞かなかった。彼の利かん気だ。

初めて「モリゾウ」を名乗る

サラリーマンであれば、50代は、キャリアの終わり方や、定年後の生活を意識し始める頃だろう。ところが、章男は、50代になって、命懸けの新たな挑戦を始めたわけだ。

もっとも、ニュル24時間レースに参戦するには、国際C級ライセンスの取得が絶対条件だ。ただ、そのとき、問題が生じる。取得すれば、名前は公開される。御曹司バッシングを受けるなど四面楚歌の上に、豊田章男の名前が出れば、いよいよ「お坊ちゃんの道楽」と叩かれるのは必定だ。どんな目に遭うかわからない。

章男は、一計を案じた。章一郎が協会会長を務めた2005年の日本国際博覧会・愛知万博の公式キャラクター「モリゾー」の名前をもじり、モリゾウというドライバー名をつくった。今では広く知られるモリゾウだが、その起源は、豊田章男の〝隠れ蓑《みの》〟にあった。

さらに、トヨタを冠するチーム名を名乗ることは許されず、「ガズーレーシング（現トヨタガズーレーシング）」と名乗った。中古のアルテッツァ2台を手に入れ、改造し、いわばゲリラ的に、ニュル24時間レース出場を果たした。

章男が成瀬の運転するアルテッツァの後ろにつき、その赤いテールランプを追いかけながら、完走を果たそうとしていたときだった。

「私の前を走っていた成瀬さんが、最後の1周は『おまえが前を行けよ』と言ってくれたんです。でも、24時間一緒に戦えたということだけで、涙で、まともにハンドルを握っていられなかった……」

章男は、成瀬の前を走ることなど、まったく想定外だった。「絶対に抜きませんよ」と、心の中で成瀬に叫んだ。そのときのことを思い出すと、今でも胸が熱くなる。

ガズーレーシングチームの一員に

ガズーレーシングチームのメンバーたちは、章男に対して、上役としてではなく、ドライバー仲間としての付き合いをした。当然である。章男のほうが〝後輩〟にあたるからだ。メンバーは、章男の走りに、「ブレーキングのタイミングが早い」などと、当たり前にダメ出しをした。

「サーキットやピットでは、肩書は関係ない」

と、章男は語る。

ニュルのレースは、モータースポーツの祭典である。レースを観戦しながら、観客はバーベキューをし、酒を飲んで楽しむ。レース開始前から、会場はお祭りムードだ。その雰囲気のなかで盛り上がっていると、成瀬は、「レース前に何をやっとる！」と、章男らを叱ったものだ。

「トヨタ自動車社長の豊田章男に対して、モリゾウにとってのガズーのチームは、居場所だった」

と、章男は振り返っている。

彼は、ありのままの自分を見てくれる、普通の人間として皆と同等に扱ってもらえる環境に飢えていた。ガズーレーシングチームは、その意味で、御曹司から離れて1ドライバーになれる場だったのだ。

成瀬は、2010年、ニュル近郊をレクサス「LFA」のテスト車両で走行中、事故で他界した。章男はその知らせを、社長になって初めての株主総会の朝に電話で受けた。動揺は大きかった。後に触れる大規模リコール問題の直後である。株主総会は、株主への陳謝から始まった。章男の感じた孤独は想像を絶した。

それまで、ガズーレーシングチームの責任者は、成瀬だった。章男は1メンバーでよかった。社長となった章男にとって、責任を負わなくていい唯一の場であり、成瀬は、責任を負ってくれる、頼れるオヤジだった。

「これからようやく、成瀬さんと一緒に『いいクルマ』をつくろうというときだった。本当につらかった……。今は、成瀬さんが育てた仲間たちと一緒に、やっています」

章男は、成瀬亡き後、彼が担っていた責任をも負うことを、自らに課した。成瀬が持っていたマスタードライバーの称号を、2013年以降引き継いだ。

2019年、モリゾウこと章男は、トヨタガズーレーシングチームの4人のドライバーの1人として、ニュル24時間レースに新型スープラで出場した。決勝レースの6月23日は、成瀬の命日だった。文字どおり、成瀬の〝弔い合戦〟だ。

この日、モリゾウは、ピットに掛けられた成瀬の遺影に手を合わせ、成瀬の事故の時間に合わせてスープラに乗り込むと、サーキットへと飛び出していった。

「成瀬さん、スープラが帰ってきましたよ。モリゾウと一緒に、このクルマを評価してください」

恩師への、章男の魂の叫びだった。

モリゾウなら社長の鎧を脱げる

章男が、モリゾウの名前を使うのは、レースだけではない。トヨタのオウンドメディア、トヨタイムズには、「モリゾウのつぶやき」なるブログがある。

2016年1月のダイハツ工業との共同記者会見では、記者から「好きなダイハツ車を教えてください」と質問が飛んだ。章男は、「モリゾウとして、でいいんですか？」と返して会場の笑いを誘い、「トヨタ社長としてはインドネシアの『セニア』（新興国向けの小型ミニバン／トヨタ名『アバンザ』）、モリゾウとしては『ミライース』（5ドアの軽自動車）です」と返答した。

「豊田章男というと、トヨタ社長という鎧《よろい》を着ないといけないが、モリゾウといえば1人のクルマ好きになれる。このクルマが好きだ、あるいは嫌いだと、自由に言える」

と、語っている。

社長の章男は、めったに笑わない。モリゾウは、よく笑う。

ラリーの会場に出ると、つねにニコニコと白い歯を見せる。純粋な〝カーガイ〟の屈託のなさ、タクシードライバーを夢見たクルマ好きな少年の面影がモリゾウにはある。ファンとの写真撮影やサインにも、快く応じる。

章男は、モリゾウのときはレーシングスーツに身を包み、太い黒縁眼鏡をかけることが多い。社長としての公式の場では縁なし眼鏡が多い。意図的に2つの顔を使い分けているのは間違いない。

欧州の自動車メーカーでは、役員クラスがレースでハンドルを握ることは珍しくない。英アストンマーティンCEOのほか、過去には独フォルクスワーゲン取締役などがレースに出場したことが知られている。しかし、モリゾウのレースの出場回数は、彼らの比ではない。

たとえば、2019年6月には、1カ月間で富士スーパーテック24時間レース、およびニュル24時間レースと、立て続けに24時間レースに出場した。

モリゾウとは、いったい、章男にとって何なのか。

運転に集中すると無になれる

章男が口にするジョークがある。

「モリゾウの本業はマスタードライバー。トヨタ社長は副業です」

前述したように、章男は、２０１３年以降、成瀬からマスタードライバーを引き継いだ。

マスタードライバーの仕事は、一言でいえば、商品の最終決定者であり、最終責任者だ。品質、デザイン、乗り味など、クルマのすべてを判断し、市場に投入するかどうかの決定権を持つ。それを、「最終センサー」と章男は表現する。

ちなみに、サントリーには、ウイスキーのブレンドの総責任者を意味するマスターブレンダーがいる。初代マスターブレンダーは、創業者の鳥井信治郎だ。息子の佐治敬三が２代目を務め、現在は、信治郎の孫にあたるサントリーホールディングス副会長の鳥井信吾が３代目を務めている。

最終センサー役を務めるには、絶えず、クルマを評価するための感覚を磨き続けなければならない。レースに出場するのは、そのためである。レースは、クルマとの最も繊細な対話の場だ。センサーを磨くには、もってこいである。

考えてみれば、２００７年、なぜ章男は、周囲の反対を押し切ってまで危険なニュルのレースに出場したのか。

前述したように、当時、彼はすでに51歳だった。息子と変わらない年齢の若手ドライバーたちに交じり、大トヨタの副社長でありながら、予算もないなかで、改造した中古車に乗ってまで出場にこだわった理由は、どこにあるのか。

レースは、マシンとドライバーを極限状態まで追い込む。ギリギリまで研ぎ澄まされた感覚と神経で、ドライバーはマシンと対話する。

モリゾウにとってレースは、センサーを磨くと同時に、トヨタのモータースポーツ活動の原点、すなわち「もっといいクルマづくり」を、現地現物で確認する場だ。彼は身をもってそれを体験し、伝えようとしている。時代が変わってもぶれないトヨタのクルマづくりの原点だ。

モリゾウは、いったい、レース中、どんな景色を見ているのだろうか。以下は、彼の言葉である。

「無ですね。日ごろ、何かあれば社長として責任者である自分が出なければいけないと、つねに思っている。最後の砦《とりで》であるのは大変なことで、頭の休まる暇がない。運転は危険ですが、その分、運転に集中しているから無になれる。むろん、体は疲れるんですが、頭はめちゃくちゃリラックスしています」

トヨタガズーレーシングアンバサダーで、レーシングドライバーの脇阪寿一は、章男の言う無について、次のように解説する。

「純粋な自分として、いろんな判断ができるということでしょうね。運転しながら神経を研ぎ澄まして、クルマと対話する。ハンドリングやサスペンションの動きなど、クルマの違和感を探す……。経営者・豊田章男のスイッチを切って、モリゾウとして運転するという意味で、無なんだと思います」

クルマづくりのセンサーを磨く

成瀬は、モリゾウに対して「レースに出ても、レースはするな」と言っていた。勝つためのレースではなく、あくまでセンサーを磨くために走れという意味だ。だからモリゾウは安全第一で、サーキットでは、後続車にいかにうまく抜かせるかにつねに気を配る。

モリゾウに限らず、トヨタのレース活動の目的は、もともと「もっといいクルマづくり」だ。トヨタのモータースポーツ活動には、1957年にオーストラリア1周ラリーに参戦して以来の歴史がある。WRC（世界ラリー選手権）やWEC（世界耐久選手権）、F1（フォーミュラワン）などのほか、市販車による国内のラリーや、ニュル24時間レースなど、さまざまなレース活動に参戦してきた。

章男の社長就任以降、トヨタのモータースポーツ活動に対する考え方は、明確になった。それは、トヨタ創業者で章男の祖父・喜一郎の絶筆となった「オートレースと国産自動車工業」（『愛知トヨタ』1952年3月号）の一節に集約される。

「これから乗用車製造を物にせねばならない日本の自動車製造事業にとって、耐久性や性能試験のため、オートレースにおいて、その自動車の性能のありったけを発揮してみて、その優劣を争うことに改良進歩が行われ、モーターファンの興味を沸かすのである。単なる興味本位のレースではなく、日本の乗用車製造事業の発達に、必要欠くべからざるものである」

これは、成瀬が好んだ言葉「道がクルマをつくる」にも通じる。

「道がクルマをつくるわけですが、日本という国は軽自動車のみ双方向で行き違い可能な道が80％あります。軽自動車でないと通れない道がほとんどだということです」

と、章男は２０１９年の株主総会で語った。

日本の道が、軽自動車やコンパクトカーをつくるように、米国の道は大型のクルマをつくる。同様に、過酷な道で限界に挑戦するレースは、クルマを厳しく鍛え上げる。

近年、トヨタは、専用マシンによるレースに加え、市販車ベースで行われる耐久レースやラリーに力を入れる。２０１５年、章男は、18年間離れていたＷＲＣに、２０１７年から復帰すると宣言した。レースで技術を培い、市販車に還元するためである。

トヨタ副社長で、ガズーレーシングカンパニー（ＧＲＣ）社長でもある友山茂樹は、次のように語っている。

「速く走るよりも長く走るクルマ、長く乗っていたくなるクルマをつくりたい。安心して走らせられないクルマは、ミスやトラブルも起こすし、速く走れない。安心して長く走れるクルマこそ、結局は、速く走ることにつながる」

モータースポーツ活動は、販売にも寄与する。トヨタガズーレーシングは、ＷＲＣ復帰２年目にしてマニュファクチャラーズチャンピオンのタイトルを獲得し、その後も活躍が続く。Ｗ

RCでの「ヤリス」の活躍により知名度やブランド価値が高まり、苦戦続きだった欧州市場で販売実績を伸ばしている。

2019年3月、トヨタは、鈴鹿サーキットで、初めてホンダと合同でモータースポーツのイベント「モースポフェス 2019 SUZUKA」を開催した。モリゾウは、サーキット内のホテルに宿泊し、翌朝、大浴場の温泉で一風呂浴びた。着替えていると、モリゾウに気づいた1人の男性が、話しかけてきた。

「モリゾウさんですね。いいですね、このイベントは」

「ありがとうございます。どこから来られたんですか」

「長野です」――。

章男は、モリゾウの顔を持つことで、このように市井の人に近づくことができる。それは、「もっといいクルマづくり」のセンサーを磨くことにつながる。モリゾウは、旧来の自動車メーカーの社長像を破壊する存在といえる。

2つの顔を使い分ける

話は2011年10月4日にさかのぼる。名古屋東急ホテルを会場に、トヨタの2012年度入社社員の内定式が開催された。例年、役員クラスがあいさつをした後は、内定者同士の交流を促して終わる。しかし、この年、約５００人の内定者たちは、11台もの貸し切りバスに乗り込み、豊田市にあるトヨタ技術部のテストコースへ移動した。

彼らがバスを降りると、コースからエンジンの爆音が響いてきた。前年のニュル24時間レースを走ったレクサスＬＦＡをはじめ、ＩＳ Ｆ、８６など、トヨタの誇るスポーツカーが、トップガンたちの運転で、テストコースを爆走していた。

内定者たちが揃うと、走行していたクルマは次々と止まった。最後に止まったＬＦＡからドライバーが降り、ヘルメットを外すと、どよめきが起きた。「ウソ！」「本物？」というざわめきのなかで、紹介者の声が響く。

「モリゾウこと、社長の豊田章男です」

ワッと歓声が上がった。人を驚かすのが大好きな章男らしいエピソードだ。

この年、章男は、「彼らには、トヨタの生き様、トヨタはこういう会社だということを、しっかり見せるべきなんだ」と語り、自ら、出席を言い出したのだ。

レーシングスーツ姿の章男は、内定者たちに呼びかけた。

「この中に、今日が誕生日の人はいる？　手を挙げて」

１人の手が挙がった。章男は、その内定者を助手席に乗せた。さらに、誕生日が近い順に13人を、それぞれトップガンの助手席に乗せて、テストコースを爆走した。

「もっといいクルマをつくろうよ」という言葉の真意は、掛け声だけでは伝わらない。彼は、内定者たちを開発の現場に連れ出し、五感をフルに使ってクルマのエッセンスを感じさせることで、トヨタのあるべき姿を伝えようとしたのだ。

それから7年以上を経た、2019年の入社式でも、モリゾウの顔が垣間見られた。章男があいさつに立った壇上には、真っ赤な新型スープラが置かれていた。あいさつの最後に、章男は、こう語った。

「社長の話を覚えていられるのは3時間くらいです。明日になったら忘れています。この入社式が皆さんの一生の記憶に残るようなことをしたいと思います」

彼は、副社長の友山を呼んだ。友山は、壇上のスープラの運転席に乗り込むと、エンジンを始動し、目いっぱいアクセルをふかした。会場のホールに轟音が鳴り響き、ガソリンのにおいが一面に漂った。

モリゾウの活躍場面は、サプライヤー集会、米国でのインベスターズミーティング、学生向けの講演会、自工会（日本自動車工業会）のイベント会場など、場所を選ばない。レーシングスーツ姿で登場し、希望者を助手席に乗せて、前輪や後輪を滑らせるドリフト走行を披露する。エンジンがうなり、タイヤが路面に激しくこすれてキュルキュルと鳴る。白煙とゴムの焼けるにおいが立ち上る。同乗した人は、右に左に振り回され、クルマの持つ激しい一面を体験する。

ここまでやるのは、音やにおいだけでなく、クルマの持つ楽しさや面白さ、可能性、ワクワクドキドキ感を、文字どおり全身で、感じ取ってほしいからだ。

初めてモリゾウを名乗ったとき、章男は、モリゾウの役割が今日ほど重要になるとは思っていなかったに違いない。

章男のこうした行動は、いまだに一部の財界人や識者から、「浮ついている」「軽い」と批判される。自動車業界にも、非難の声がある。

激務の合間に、耐久レースやラリーに参加することは、決して楽ではない。たとえば、2018年11月に静岡県裾野市で開催された「TGRラリーチャレンジ特別戦」に参加したときは、モリゾウは午前4時半に起床し、同5時に出発して、6時に会場に着いた。朝食は、持参したおにぎりだ。コースの下見をし、開会式、ミーティングを済ませ、午前中からレースに参加した。すべてが終了したのは夕刻だ。

平日は、トヨタ社長として朝から晩まで働き詰めだ。モリゾウは、ラリーへの出場を、かれこれ8年間も続けている。もはや、体力勝負、いや、精神力の勝負である。

章男は、2020年に64歳になる。体力の衰えに加えて、職務の肉体的負担や精神的ストレスは増す一方だろう。健康な心身を維持するため、彼は、自宅と豊田市の本社ビル、東京本社ビルの3カ所に、友人の元大リーガー、イチローが使っているのと同じトレーニングマシンを設置し、時間を見つけて筋トレに励む。やりすぎて筋肉痛になるほどだ。3日間の断食に取り組むこともある。自己鍛錬を怠らないのだ。

彼は、社長とモリゾウの2つの顔を巧みに使い分け、相互に補完し合うことで、最も厳しい時代のトヨタのトップを、務めているようにも見える。巨大企業の針路を定める重圧のなか、遊び心で精神的余裕を保っているのかもしれない。

当初、モリゾウは、1人のカーガイとして振る舞うことで、社長業の孤独を癒やす存在だった。章男にトヨタ社長の鎧を脱がせ、重責からつかの間、解放する役割を持っていた。

「モリゾウは最初、豊田章男の隠れ蓑でした。でも、最近は、逆に章男の〝素〟を引き出す役割になっている。モリゾウはカーガイ、章男は社長という感じが完全になくなって、いまや渾然一体になって融合している」

と、章男自身は語っている。

つまり、モリゾウの持つ意味は変化した。モリゾウによって、そのクルマの商品価値が上がったり、トヨタのブランド力向上につながる。

モリゾウもまた、重い役割を担いつつあるのだ。「CASE（ケース／コネクティッド、自動運転、シェアリング、電動化）」時代の「もっといいクルマづくり」、また、クルマの魅力や、自動車産業における自動車メーカーのリアルの強みを象徴するアイコンの役割を果たしているといえる。

モリゾウの存在感はますます大きくなるばかりだ。

第3章　ルーツ——なぜぶれないのか

経営の軸、継承者パワー

トヨタグループは、戦前生まれとはいえ、財閥系の企業とはまったく異なるルーツを持つ。天才技術者の本田宗一郎が起こしたホンダや、井深大と盛田昭夫が世界企業に育てたソニーといった戦後派企業とも、まったく異なる。〝発明王〟の豊田佐吉に連なる独創技術を駆使し、発展させながら、織機から自動車へ転換し、明治、大正、昭和、そして平成の長きにわたって日本経済を支えてきた。

自動車産業は100年に1度の大変革期を迎え、トヨタ自動車は今、大きな変わり目にある。織機から自動車への転換に次ぐ、2度目の大転換といっていい。豊田家直系の豊田章男は、長い歴史を有するトヨタをどこへ持っていこうとしているのか。

章男の経営力は、多少強引にいえば、大きく2つの要素に分けることができる。

1つは、「豊田章男」という個人に備わるパワーだ。先天的な気質に加え、大学時代にホッケーに打ち込み、米国留学し、友人を得、現地企業で働くなど、社会生活で彼が独自に身に付け、築き上げた後天的パワーである。

もう1つは、創業家出身者が持つ、継承者パワーだ。努力して得られるものではない、持って生まれた要素だ。それらが、現在の章男の経営力において、ブレない軸を形成している。

章男は、ルーツを大切にする。

彼の人生には、望むと望まざるとにかかわらず、豊田の名前が大きな影響を与えてきた。彼を知るには、豊田家を知らなければならない。豊田家なくしてトヨタはなく、章男もない。そのルーツをたどってみよう——。

先代がいたから今がある

トヨタグループの始まりは、静岡県西部だ。

2019年8月、私は静岡県湖西市山口にある豊田佐吉記念館を訪れた。東海道新幹線を浜松駅で降り、浜名湖を眺めつつ車で約45分。豊田佐吉記念館は、青葉の茂る裏山を背に建ち、門の前には、色づき始めた田が一面に広がっていた。人通りは少なかった。

豊田佐吉記念館は、佐吉の生誕120周年を記念して、1988年、旧佐吉邸を中心に整備して開館した。住居自体は、派手でも豪華でもない。トヨタグループ創業者の家というよりは、少し裕福な農家といった印象だ。

門をくぐると、右手に佐吉の発明した織機やゆかりの品を集めた、平屋建ての展示室がある。佐吉は、自らのつくった自動織機に、糸が切れたら自動的に止まる機構を取り入れた。異常が発生しても機械が停止し、不良品をつくらない。この考え方は、現在のTPS（トヨタ生産方式）につながっている。まさにトヨタのルーツだ。

セミの鳴く裏山に続く道を進むと、佐吉が織機の研究をしたという納屋、さらに、佐吉が清水を生活用水として使うためにつくった井戸と濾過槽がある。道の左手に植えられたミカンの木が、たくさんの実をつけていた。

さらに、道を上ると、浜名湖を一望できる展望台に続く。

開館2年後の1990年には、敷地内に佐吉のわらぶきの生家が復元された。佐吉の父・伊吉が独立した際、豊田家を継いで住んだ家である。佐吉をはじめ弟の平吉、佐助、妹のはんがこの家で生まれた。佐吉の長男の喜一郎も、ここで生まれた。

復元された生家側の裏山を少し上がると、生家がもともと立っていた場所だ。「豊田佐吉翁発祥地」と記された小さな記念碑が立っていた。奥へ続く竹やヒノキの茂る道を行くと、豊田家先祖の墓がある。「山の墓」と呼ばれる、つつましい小さな墓である。

一方、門をくぐって左手、展示室の向かい側は、佐吉が事業で成功した後、両親のために建てた立派な母屋だ。こちらは瓦ぶきだ。

玄関には、「豊田章一郎」の表札が掛かっていた。年に1度、佐吉の命日である10月30日には、この母屋で、豊田家の親族や地域の関係者らが出席して、佐吉をたたえる「顕彰祭」が行われる。施主は章一郎だ。章男も幼い頃から、その日には必ずここへ足を運んだ。

母屋に入ると土間があり、左手に部屋が２つ、さらにその奥に８畳間がある。仏間だ。決して大きくはないが風格のある仏壇が据えられている。ここは、第7章で詳述する章男と６人の副社長が「血判状」を作成した部屋だ。

仏壇の右手の床の間には、一幅《いっぷく》の書が掛けられている。

「百忍千鍛事遂全《ひゃくにんせんたんことついにまっとうす》」

百日忍んで千日鍛えれば、必ず事は成る。佐吉は、この言葉を信念としたといわれる。まだ言葉の意味も理解できない頃から、章男もまた、この書を見上げていたに違いない。

考えてみれば、発明王の佐吉の姿は、章男に重なるところがある。

佐吉は19歳のとき、東京に憧れ、旅費がないために徒歩で東京見物に出かけた。約２８０キロメートルの道のりだ。東京で、さまざまな工場を見学して回り、さらに造船所を見学するために三浦半島の突端まで足を延ばし、再び徒歩で帰った。その行動力は、章男の突貫小僧ぶりを彷彿させる。

また、佐吉は、生涯にわたって次々と新たな挑戦をした。工夫を重ね、発明品を世に送り出し続け、とどまるところを知らなかった。生涯に、発明特許84件、外国特許13件、実用新案35件の発明をした。

章男もまた、GAZOO、「イーパレット（e-Palette／自動運転電気自動車）」、第10章で詳述する「モビリティカンパニー」への転換、オウンドメディア「トヨタイムズ」の開設、自工会では東京モーターショーの刷新など、チャレンジに暇がない。停滞することを知らない。2人のあり方には、共通点がある。

2001年、章一郎にインタビューした際、彼の語った言葉が印象的だった。

「佐吉、喜一郎の苦労は大変なものでした。いいところは全部、私がもらった。私は、2人と比べたら、何も苦労していません」

章男もまた、「先代がいたから今がある」といわれるようになりたいと、繰り返し語っている。その言葉には、佐吉や喜一郎を尊敬し、彼らに倣いたいという思いが込められている。

とりわけ、章男は、喜一郎に心酔している。彼は、仏壇に手を合わせるとき、喜一郎に対し、「私の体を自由にお使いください」と祈る。喜一郎は、苦労を重ねて国産自動車開発の道筋をつくりながら、その普及を見ることなく57歳で亡くなった。なしえなかった思いを晴らすために、自分の体を使ってほしいというのだ。「喜一郎の無念を晴らす」と、周囲に話すことが多い。章男は、孫として、喜一郎の遺志を継ぐ決意をしているのだ。

喜一郎は、父・佐吉のつくった豊田自動織機製作所（現豊田自動織機）に入社したが、そこに自分の居場所を見つけることができなかった。「だから、自分の居場所として、自動車部をつくったのだと思います」と、章男は言う。さらに、実母が家を出て、継母に育てられた喜一郎は、家にも居場所がなかった。「生まれたときからいいところがなかった」と、章男は言う。

章男が喜一郎を強く意識するようになったのは、30代後半だ。居場所のなかった喜一郎と自分とがだぶって見えたからだ。

喜一郎は30代で自動車事業を立ち上げ、トヨタ自動車工業社長を務めていたが、戦後、労働争議の責任を取って退任。その後、大番頭の石田退三が、喜一郎の社長復帰を言い出したものの、直後に、喜一郎は脳溢血で倒れた。

8畳間の障子を開くと、石灯籠の立つ前庭が眺められる。陽《ひ》が差し込み、庭木や苔《こけ》のしっとりとした緑が美しい。1918年、豊田自動織機の上海進出を周囲に反対された際、佐吉は、「障子を開けてみよ、外は広いぞ」と語った。あまりに有名な逸話だが、それがこの障子だといわれている。

母屋には池のある裏庭もある。緑に囲まれ、よく風が通るつくりだ。喜一郎は、夏休みになると、祖父母の住むこの母屋に滞在するのが、安らぎのときとなっていた。章男にとって、この場所は先祖が暮らした家である。心が落ち着く特別な場所のはずだ。

母の仕事を楽にしたいと、自動織機を開発した佐吉。日本の製造業の発展のため、国産自動車の開発、生産に力を尽くした喜一郎。章男は、彼らの話を何度も何度も、あらゆる場面で聞かされて育っただろう。

章男の現在の仕事ぶりには、この場所で、世のため人のために尽くした先祖の努力を、繰り返し刷り込まれて育ったことが影響しているに違いない。

豊田佐吉記念館には、今も多くの経営者が訪れる。

「3人の喜一郎」の意味

私が続いて向かったのは、豊田市にあるトヨタ鞍《くら》ヶ《が》池《いけ》記念館だ。10年前に続く2度目の訪問である。湖西市から、車で約1時間半かかった。

鞍ヶ池記念館は、1974年にトヨタの累計生産台数1000万台を記念して、開館した。当時、トヨタは海外進出を本格化しており、海外からの客が増えるなかで、重要な客をもてなすための場と位置づけられた。迎賓館のほか、トヨタ創業展示室、アートサロン、そして、旧豊田喜一郎邸が移築、展示されている。

旧喜一郎邸は、1933(昭和8)年に、喜一郎が名古屋市郊外の南山に別荘として建てた。当時流行した、洋風のデザインをふんだんに取り入れた和建築で、しゃれた外観である。

床や窓枠、調度品などに、細かい趣向が凝らされている。決して豪邸ではないが、上質な暮らしぶりがうかがえる。1階はキッチンとダイニングルーム、リビングだ。用途によって大きさを変えられるダイニングテーブルや、キッチンでつくった料理を小窓からダイニングルーム側に出せるキッチンカウンターなど、当時としては目新しい内装が取り入れられている。

2階には10畳と6畳の2間の和室、風呂がある。沸かした湯を2階まで運んだという。十分な財はあったはずだと想像されるが、決してぜいたくな印象はない。6畳間の押し入れには、日曜大工的な手づくりの棚がこしらえてある。喜一郎自らが手を加えた。押し入れの空間の上部がデッドスペースになっていることは、几帳面な喜一郎にはたぶん許せなかったのだろう。

豪華な家具も何もない、質素な部屋だ。海外からは、豪奢な創業家の家を想像して見学に来る人が多い。彼らは、2階の2間の何もなさに驚き、逆に感動する。

この家屋が建てられた1933年は、ちょうど、豊田自動織機内に自動車部が設立された年だ。この2間に、喜一郎や自動車部の幹部が集まり、夜ごと議論を交わし、自動車製造のためのあれこれを相談したといわれている。いってみれば、日本の自動車工業の黎明期を育んできた場だ。

喜一郎邸の裏庭には、幾棟もの温室が並んでいた。喜一郎の趣味で始めた農園で、〝南山農園〟と呼ばれた。

ベンチャー企業だった当時のトヨタは、5年先、10年先の将来などまったく見えない状況だった。自動車事業が立ち行かなくなっても食うに困らないように、農園をつくっていた、という話が伝わっている。

章一郎は、この家屋を喜一郎から譲られ、結婚後、住み始めた。１９５６年生まれの章男は、幼少期をこの家屋で過ごしている。

地下には、使用人のための部屋が設けられていた。幼い章男は、いたずらをすると、その部屋の押し入れに閉じ込められた。

喜一郎邸は、１９９７年から2年がかりで現在の鞍ヶ池へ移築された。章一郎は、直前まで、東京の自宅とは別に、ここを名古屋での拠点にしていた。

現在、裏庭は温室ではなく、四季折々の花に彩られる庭となっている。その片隅に、桜の若木がある。後に詳しく触れるが、２０１１年2月24日、章男がリコールをめぐって、米連邦議会の公聴会に招かれ、厳しく追及された1年後、彼が植えた桜だ。失敗を忘れないため、もう1度やり直すことを誓うため、支えられていることを覚えておくためである。

そばに、「トヨタ再出発の日　記念」の札が立てられている。

旧喜一郎邸を出て、坂道を下ると、トヨタ創業展示室の入り口にたどり着く。

展示室には、佐吉と喜一郎のプロフィールが織機事業、自動車事業の功績とともに展示されている。目を引くのは、喜一郎誕生以降から始まるトヨタの歴史で、長さ70メートルの年表と写真だ。このほか、「トヨダＡＡ型乗用車」「トヨペットクラウン（ＲＳ型）」など初期の車両や、挙母《ころも》工場ジオラマ模型などが並ぶ。

創業期を描いた15分間のビデオを見た。題して「虹を架けた男たち　豊田喜一郎、夢への挑戦」である。章一郎の命で、若かりし頃の章男が監修を担当した。

章一郎は、章男にこう言い含めた。

「喜一郎1人の成功物語にするんじゃないぞ。ビデオを見た従業員や関係者の皆さんが、これは自分たちの話なんだと思うようなものにするんだぞ」

章一郎は、何を言いたかったのか。トヨタは1人のリーダーがつくった会社ではないということだ。これは、喜一郎本人が、たびたび口にしていたことだ。

「自分は、織機の技術については、世界の誰にも負けない自信がある。しかし、自動車については、私は何もやらなかった。みんな、部下がやってくれた」

と、生前、喜一郎は語っている。開発、生産、販売、さまざまな分野のプロが集まって、創業期のトヨタを支えたことを、忘れるなということである。

ビデオでは、喜一郎が仲間たちとともに、シリンダーブロックの鋳造に悪戦苦闘したり、シボレーの分解や調査をしたりする姿が描かれている。

2018年、喜一郎の米自動車殿堂入りが決まった際、社内で行われた式典には、トヨタやトヨタ自動車販売店協会、サプライヤーによって構成される協豊会などから代表者が招かれた。

式典の際、前方に掲げられたパネルには、喜一郎の写真だけでなく、創業期のトヨタの延べ

847人の名前とともに、第1回販売店協議会、第1回協豊会総会の集合写真、さらに創業時の役員や、自動織機・自動車部時代のメンバーの写真が飾られた。

章男は、あいさつのなかで、喜一郎とその仲間たちに向かい、「トヨタ自動車をあずかる11代社長として、喜一郎の孫として、心よりお祝い申し上げます」と声を詰まらせ、次のように語りかけた。

「喜一郎は、クルマづくりはみんなでやったんだとの思いを強く持っておりましたので、今回の殿堂入りにあっても、『自動車殿堂にもみんなで入るのだ、自分は代表して名前があるだけだ』と、必ずそう言ったのではないかと思っています」

章男もまた、トヨタの経営が1人のリーダーによって牽引されるのではなく、複数のリーダーの力によるものであることに、こだわりを持ち続ける。

創業展示室において、注目すべきは、章男が「3人の喜一郎」と呼ぶジオラマだ。「G1型トラックの故障修理活動」として、1936年4月の「春爛漫の昼下がり　浜名湖畔のとある街道」で、喜一郎が故障して立ち往生するトラックに駆け寄る姿が再現されている。

このジオラマの制作にも、章男は事細かに指示を出した。

ジオラマの中には、喜一郎のほかにも、トラックのドライバーから苦情を言われて頭を下げる人物や、トラックの下に入り込んで修理に当たる人物の姿がある。このいずれも、章男にとっては喜一郎の姿に重なる。

当時、トヨタ車の品質は、外国車に劣るのが当たり前だった。トヨタ車に乗っているのは、そんななかでも、トヨタの気概を買ってトヨタ車を購入した人たちである。彼らのために奔走する喜一郎の姿を再現しながら、章男は何を思ったのか。トヨタの原点を見つめることで、今の自分たちのあるべき姿を、改めて確認したに違いない。

つつましい墓に眠る一族

最後に私が訪れたのは、豊田家の墓所である。名古屋市千種区にある覚王山日泰寺《かくおうざんにったいじ》には、2万5000坪に及ぶ広大な墓地がある。その奥まった一画が豊田家の墓所である。まず、右奥敷地に宝篋印塔《ほうきょういんとう》が立ち、伊吉、佐吉、佐吉の長男である喜一郎の墓が並ぶ。「本家」の墓だ。

その左隣の敷地には、喜一郎の妹の愛子と、婿養子に入った利三郎の一家が眠る。右手前の敷地には、伊吉の次男で佐吉の弟に当たる平吉の一家。平吉の墓に並び、息子で5代目社長を務めた豊田英二の墓が立つ。左手前の敷地は、伊吉の三男で佐吉の弟である佐助の一家の墓だ。

墓面積は4家ともまったく同じ、墓石の高さも統一されている。一様につつましやかな墓だ。

喜一郎は、57歳で亡くなった。章男は、自らが57歳になった時、この墓前で手を合わせた。喜一郎が存命ならば、激動の自動車市場に立ち向かう章男に、何と声をかけるだろうか。

章男は、日頃、幹部に次のように話している。

「自分が偉くなるためとか、トヨタのために仕事をするんじゃない。世のため、人のために仕事をするんだ。そうすれば、みんなが応援してくれる」――。

「豊田綱領」とは何か

章男には、経営者としてつねに立ち返る基準点、拠って立つ原則がある。「豊田綱領」だ。

2019年5月19日、章男は、米ボストン郊外の母校、バブソン大学のステージに立っていた。創立100周年を迎え、卒業式のゲストスピーカーとして招かれたのだ。

スピーチは、明快な言葉と軽やかなユーモアで盛り上がった。聴衆からは、たびたび笑い声と拍手が起きた。章男は、このスピーチ原稿を自らしたためた。

彼は、スピーチの終盤、次のように話した。

「トヨタでは、誠実（integrity）、謙虚（humility）、尊敬（respect for others）といった価値観を大切にしており、それらはトヨタにとって北極星のようなもので、私たちを導く光です」

さらに、次のように続けた。

「皆さん自身を導く光を見つけてください。その光に導かれて、さまざまなことを決定してください」

彼が、トヨタの北極星と表現したものこそが、豊田綱領である。

バブソン大学でのスピーチの2カ月前、2019年3月。春の労使交渉の席で、章男はこう訴えた。

「今のトヨタが、私たち全員が、豊田綱領の精神を忘れかけているのではないか。創業の原点を見失った会社が、大変革の時代を生き抜くことなどできない」

豊田綱領は、トヨタグループ創業者である佐吉の考え方を整理したものだ。トヨタ創業者の喜一郎と、喜一郎の妹の婿の利三郎が中心となり、佐吉の遺訓として成文化され、佐吉の5回目の命日に当たる1935（昭和10）年10月30日に発表された。

豊田綱領は、以下の5カ条からなる。

一、上下一致、至誠業務に服し、産業報国の実を挙《あ》ぐべし
一、研究と創造に心を致し、常に時流に先んずべし
一、華美を戒め、質実剛健たるべし
一、温情友愛の精神を発揮し、家庭的美風を作興すべし
一、神仏を尊崇し、報恩感謝の生活を為すべし

いささか古風で、硬く、いかにも日本的という印象を、誰もが持つに違いない。とくに、若

い世代には、中身がわかりにくいだろう。時代錯誤との感想を持つかもしれない。実際、グローバル時代に似つかわしくないと、指摘されてきた。

それは、そうだろう。佐吉の没後90年近くを経た今日、その遺訓とあれば、時代色が出るのはやむをえない。

しかし、章男の経営における危機対応、取り組んできた数々の転換や新たな発想の数々を、1つずつ丁寧に見ていくと、実は豊田綱領に忠実に基づいて判断していることがわかる。彼は、最終責任者として、独り最後の決断を求められたとき、孤独のなかで、豊田綱領に照らし合わせて自らの判断を下しているに違いない。

佐吉が影響を受けた報徳思想

では、佐吉は、いったい、今なおトヨタの経営に脈々と生き続ける普遍的理念ともいうべき、豊田綱領の基礎となる考え方を、いかにして身に付けたのだろうか。

それは、佐吉の生まれた地域と無関係ではない。

章男は、『ＰＨＰ松下幸之助塾』（２０１５年１・２月号／現『衆知』）に掲載された、伊那食品工業会長（現最高顧問）の塚越寛との対談のなかで、佐吉について次のように述べている。

「豊田佐吉にとっても二宮尊徳先生からの教えの影響は大きかったようです」

意外にも、トヨタの歴史には、江戸時代後期の農政家・二宮尊徳の影響が見受けられるのだ。

それには、吉津村（静岡県湖西市）山口の腕のよい大工だった佐吉の父の豊田伊吉が、尊徳の「報徳思想」に傾倒し、その影響が息子の佐吉に及び、さらに喜一郎、そして今日のトヨタまで連綿と続いている――というストーリーを紹介しなければならない。トヨタの根幹を形成する経営哲学の話だ。

現在の小田原市に生まれた尊徳は、幼くして両親を亡くし、苦労を重ねたが、小田原藩主・大久保忠真に手腕を買われ、荒廃した下野《しもつけ》の国の物井、横田、東沼の3村の再興を託される。尊徳は、15年をかけ、荒れ地を耕し、新田を開発し、用水路の開削、植林の奨励などによって再興を成し遂げた。生涯に600の村を救済したといわれる。

尊徳による村の再興方法は「報徳仕法」と呼ばれ、報徳の教義や思想は全国に広まった。報徳仕法をめぐって、小柴昌俊と梶田隆章のノーベル物理学賞受賞の立役者、元浜松ホトニクス社長・晝馬輝夫が創立に尽力した光産業創成大学院大学教授の増田靖は、「仕法で行われた勤労は、単に事前に計画・設計された活動だけでなく、創意工夫が求められ、生産性の向上と新しい価値創造が含意されている」（経営学論集第89集「報徳仕法におけるエフェクチュエーションの的側面」）と述べている。創意工夫や生産性向上といえば、トヨタのお家芸である。トヨタの強みである改善や原価低減とも、考え方が通底する。

報徳仕法を広める「報徳社」は、諸説あるが、全国に累計約1200社があった。その本拠の1つが、現在なお続く静岡県掛川市にある大日本報徳社である。

豊田家と報徳社とのかかわりを示すものが、豊田佐吉記念館に残されている。

1つは、大日本報徳社3代目社長を務めた岡田良平の書だ。「足己済人（己を足らしめて人を済《すく》う）」の扁額《へんがく》は、今も豊田佐吉記念館の母屋に飾られている。

もう1つは、豊田伊吉が吉津村山口報徳社へ金五千円（今日でいえば約2000万円）を寄贈したことに対する感謝を表明する書だ。軸装されて、こちらも母屋の床の間に掛けられている。下鴨神社の宮司の書だ。

トヨタ自動車工業が1933年に発行した『豊田佐吉傳』の第一章にも、次のようにある。

「報徳宗の感化は餘程深く翁の精神活動を支配してゐたものらしく、世上往々にしてよく見る發明家の利己的な冷徹さは微塵もなかつた。翁は常に燃ゆるやうな熱意を以つて、社會の爲に國家の爲にと心掛けてゐた」

伊吉、佐吉と続いた報徳思想への傾倒は、その後、喜一郎にも引き継がれる。

『報徳運動100年のあゆみ』（八木繁樹著／龍渓書舎）を読むと、豊田綱領発表の翌1936年、「利己主義を中心として生れた欧州経済学」（同）に対し、日本独自の経済学樹立のため、尊徳の報徳経済学を研究する目的で報徳経済学研究会が設立されたという記述がある。その研究会のメンバーとして、経済学者の土屋喬雄《たかお》や、日本銀行総裁を務めた結城豊太郎、大久保利通の三男で内務官僚の大久保利武など、有力な学者、教育関係者、実業家、政治家など、そうそうたる人物と並び、喜一郎の名前を見つけることができる。

喜一郎もまた、尊徳の考え方や教えに興味を持っていたのは、明らかだ。つまり、豊田家では、明治、大正、昭和と3代にわたって報徳思想がバトンタッチされていく。

「家庭的美風」を受け継いでいるか

報徳思想には、「四綱領」と呼ばれる教えがある。「至誠」「勤労」「分度」「推譲」だ。

元東京学芸大学学長で、現大日本報徳社社長の鷲山恭彦は、次のように語る。

「四綱領は、個人の営みがそのまま社会に通じるという思想です。『武士道』に対して、『市民道』の中核に置かれるべきものだと考えています」

至誠と勤労は、豊田綱領の「至誠業務に服し」に実に近い。

分度とは、己の実力を知り、生活の限度を定めることで、豊田綱領でいうところの質実剛健につながる。

推譲とは、生まれた富や利益について、自分や家族のものとせず、世のため人のために譲ることを指す。豊田綱領でいえば、産業報国、報恩感謝、家庭的美風といった内容に近いだろう。

四綱領と豊田綱領には、明らかに通じるものが多くある。

考えてみれば、トヨタの経営そのものに、尊徳の思想と類似する点が多い。「改善」は、尊徳の言う「積小為大《せきしょういだい》」、つまり、小さなことを積み上げることによって大きな成果を得ることと同じだ。

「翁曰、大事をなさんと欲せば、小さなる事を、怠らず勤むべし、小積りて大となればなり」(福住正兄筆記、佐々井信太郎校訂『二宮翁夜話』岩波文庫)

章男が「改善の積み重ねがイノベーションにつながる」と語ることにも似ている。

さらに、尊徳はこうも言う。

「遠を謀る者は富み、近きを謀る者は貧す」(同)

足元の業績ではなく、10年先、20年先の遠い未来を見て経営することがトヨタの繁栄につながるという章男の考え方は、これに近い。

章男は、「20年後に評価されよう」と、現在の利益を長期スパンの先行投資に回すことをいとわない。つまり、大変な思いをしてきた先人のおかげで今がある。自分たちも数十年後の未来に、あの人たちのおかげで今があるといわれるようになろうと、章男は呼びかける。それは、まさに推譲の精神だ。

報徳思想は、決して古風な道徳の教義ではない。田畑を耕して暮らしてきた日本人の知恵を源流にしている。尊徳もさることながら日本人の知恵そのものといえるだろう。

さらにいえば、章男は、「従業員は家族」と、たびたび口にする。豊田綱領のうたう家庭的美風に基づく発言だ。

2019年の労使交渉の席で、章男は豊田綱領に言及し、「家庭的美風を作興すべし」について、次のように説明した。

「『従業員は家族』とは、喜一郎の言葉です。家族には、厳しくも優しい、体を張って守ってくれるオヤジやおふくろ、身近な目標となり、相談相手になってくれる兄や姉が必要です」

労使の話し合いにおいて、自分たちは家庭的であったかと問いかけたのだ。

報徳思想は、日本型協同組合の源流といわれる。また、経営学者の津田眞澂《ますみ》は、『日本的経営の論理』（中央経済社）のなかで、「日本の企業経営は従業員にとって共同生活体なのである」と述べている。

多くの日本の中小企業は、従業員が工場に住み込み、同じ屋根の下で寝食を共にする共同生活体であったことを考えれば、わかりやすい。トヨタもまた、創業時は、典型的共同生活体だった。

ただし、今日37万人の雇用を抱えるグローバル企業となり、章男の訴える家庭的美風をどこまで維持できるかは、難しい問題だ。

立ち返るべき原理原則

実は、トヨタ社内では、何度か豊田綱領の見直しの動きがあった。たとえば、1965年にデミング賞を受賞した時や、1982年のトヨタ自動車工業とトヨタ自動車販売の合併の時がそうだった。いずれも新たな綱領の策定には至らなかった。

しかし、1980年代後半以降、経営環境は劇的に転換した。たとえば、環境問題への対応や、労働時間短縮、従業員の労働観など、さまざまな変化が起こった。また、グローバル化の進展のなかで、海外での活動の拡大が求められた。

むろん、海外拠点では、ただでさえ古くて難しい日本語で記された豊田綱領は通じるはずがない。世界共通の理念が必要となった。

トヨタは、1992年、7カ条の「基本理念」をまとめた。

「オープンでフェアな企業活動」「国際社会から信頼される企業市民をめざす」「クリーンで安全な商品の提供」「グローバルで革新的な経営」などの文言が並ぶ。

1999年には、グローバル人事部が、「トヨタウェイ2001」の編集に着手する。当時最高顧問だった豊田英二や、名誉会長の豊田章一郎、リタイアした副社長や米国の幹部など、膨大な人々にインタビューをした結果、高さ5メートルものドキュメントの山ができた。

「知恵と改善」「人間性尊重」の2本柱を打ち立て、「知恵と改善」の中に、「チャレンジ」「改善」「現地現物」を挙げた。人間性尊重には、「リスペクト」「チームワーク」を挙げ、英単語に細心の注意を払いながら英訳された。

確かに、豊田綱領に比べてわかりやすくなり、グローバル化に役立った。

その点、佐吉の遺訓である豊田綱領は、いわば旧約聖書だとみる向きもある。豊田綱領は天地創造、すなわちトヨタグループ創世記を意味する。

むろんトヨタウェイを否定するものではないが、しかし、創業の精神は1つであり、創業に2度目はない。トヨタの歴史的理念は豊田綱領のほかにないということはいえる。トヨタウェイは、行動指針、ないしは信条、クレドではないだろうか。

豊田綱領に流れる報徳の思想は、経済活動の目的は、カネ儲けではなく、あくまで世のため人のため、すなわち徳に報いることにあると考える。いわば、儒教、仏教、神道の混ざり合った日本的考え方だ。それは、国内の企業文化になじみやすいだろう。

自動車産業の100年に1度の大変革のなかで、トヨタは、ビジネスモデルの大きな変革を進める。先述したように2度目の大転換である。不確実な未来を前に、トヨタグループ全体をまとめ上げるうえで、つねに立ち返るべき原理原則を堅持することは、これまで以上に重要になる。

そこに、章男が今、豊田綱領を訴える理由がある。

第4章　心象――イチローとの対話

章男の目を「怖い」と感じた

豊田章男は、元大リーガーのイチローとの対話のなかで、ビジネスの世界では決して見せることのない素顔をのぞかせ、戦いの日々の本音を語る。普段、他人に見せることのない心の内面、心象風景をさらす。

それは、イチローが経営のプロでも、同業者でも、トヨタ関係者でもないからか。いや、それこそ皮相な見方だ。章男とイチローの間には、孤独を背負ってきた者同士の魂の交感、共鳴、共感、共振がある。

章男とイチローの出会いは、２０１４年1月にさかのぼる。彼は、すでに社長に就任していた。共通の知り合いを通して６人ほどが集まって、東京都内で会食をしたのが始まりである。

「第一印象は、〝怖ッ!〟でした。章男社長の目の奥は、相当怖いなと思った」

東京モーターショーに合わせて2017年10月に開催されたトークショーの席上、イチローはそう語った。

よく知られるように、章男は、フランクで人当たりがいい。こわもてタイプではない。彼の目を怖いと感じたのは、イチローが、章男から何かテレパシーのようなものを受け取ったからかもしれない。

トヨタ自動車の創業家3代目として育った彼は、お世辞やおべっか、うわべだけの言葉が大嫌いだ。イチローが感じた怖さとは、つねに本質を見きわめようとする怖さではないか。2人は初対面からよく話した。話せば話すほど、章男は、イチローに驚かされた。

日頃、自分が考えているのと同じことをしゃべるではないか。イチローは当然、野球の話をしているのだが、トヨタの話として聞けなくもない。不思議な感覚だった。

「イチローさんは、普段、僕がモヤモヤと思っていることを、わかりやすい言葉にして説明してくれているような感じがした」

と、章男は言っている。

イチローも、2015年11月に、初めて公開で行われた章男との対談のなかで、「章男社長に自己投影するところがある」として、次のように語っている。

「僕らの世界は、喜びや満足感は一瞬しかなく、ほとんどが失敗です。同じものを章男社長から感じました。自分だけでなく、ものすごい規模の人たちの思いや責任を背負って気が休まることがなくて、結果が出てもまた、前に進まなきゃいけない使命を負っている。喜ぶ時間なんてない。僕らと一緒で、毎日苦しんでいらっしゃるんだろうなと感じて、うれしくなったんです」

まったく別の世界のようであっても、世界を舞台に活躍する超一流となると、アスリートと経営者の間にはとてつもなく近いものがあるのだろう。精神性については、相似形といっていい。2人は互いに、それを感じ取ったのだ。

境遇の似た者同士が共鳴する

トヨタほどの巨大企業になれば、順風満帆で安定したイメージを持たれる。

しかし、実際には、巨艦トヨタの維持は、並大抵のことではない。クルマが売れなくなれば、巨大企業といえども、あっという間に失墜する。自動車業界は現在、100年に1度の大きな変化の波の中にあり、決して安泰ではない。いまや37万人の社員を抱え、その全責任を負う章男のプレッシャーは想像を超える。

アスリートの世界も同じである。

イチローは、日本のプロ野球で1994年から7年連続の首位打者、2001年に渡米後、大リーグでシーズン262安打、10年連続200安打、日米通算4367安打など、日米両国で次々と偉大な記録を達成した。安定した高い打率から安打製造機といわれた。むろん、イチローは機械ではない。日米通算4367安打の1本1本の裏側には、人並み外れた努力の蓄積がある。

イチローは、結果で評価されるプロの世界に生きてきた。ファンやチームメートなどから、打つことを当たり前に求められる厳しい環境のなかで、四半世紀以上も戦い続けてきた。

考えてみれば、トヨタとイチローの立ち位置は似ている。

トヨタをはじめとする日本メーカーのクルマは、1970年代、米国市場を席巻した。サイズの大きさと、パワー偏重の米国の自動車市場で、小型軽量、コンパクト、低燃費、低コストを売りにして、クルマの価値観を変えた。その代表的存在がトヨタ車だった。

イチローがシアトル・マリナーズに移籍した2001年前後の米大リーグは、パワー全盛時代だった。1998年にマーク・マグワイアとサミー・ソーサによる本塁打王争いが繰り広げられ、筋肉増強剤の時代と呼ばれた。パワー偏重で薬物摂取が蔓延していた。

細身のイチローは、パワーに頼ることなく、持ち前の俊足を武器に安打を量産した。スピードという新たな物差しを持ち込み、本場の野球観をひっくり返した。

あえていうならば、高品質でリーズナブルな価格のクルマを大量生産するトヨタのあり方と、本塁打より安打を多く打つことに重点を置いたイチローのスタイルは、酷似している。2人は自動車業界と野球界と、住む世界は別ながら、いずれも過酷な生存競争が繰り広げられるなかで、厳しい戦いを強いられる点でも共通している。

期待に応え続ける苦しさや、孤独に耐え続ける2人の姿を重ね合わせると、お互いに心が通い合うのは、何ら不思議ではない。彼らの関係は、単なる友情物語では語れない。ともに、これまでの人生において、世間や常識、偏見とつねに戦い続けてきたからこそ、心の奥深くで魂を通い合わせることができるのだ。

アイデンティティー・クライシスからの脱却

章男は、イチローを相手に、自らの心の内面を雄弁に語る。

「会社生活で、ずっとアンタッチャブルな扱いを受けてきた。こういう名前ですからね。何をするにもお手並み拝見で、失敗するのを待たれている。失敗したら、それみたことかと言われます」

社内イジメにも遭い続けた。強烈なストレスを受け続けた結果、出口のみえないトンネルに入り込んだ。これは前に触れたが、彼は係長時代以降、1度ならず会社を辞めようと本気で思った。

章男はずっと、考え続けてきた。創業家3代目の自分は、いったい、何者なのか。普通の人間とどこがどう違うのか、生きていく価値があるのか。いつも自らのアイデンティティーを求め続け、心の葛藤を繰り返した。ある種の巨大な自己喪失で、心理的危機すなわちアイデンティティー・クライシスに陥った。このことも前に触れた。

今でも社長を続けていられるのは、その悔しさがあるからだ。自分は負け嫌いだと力を込めてこう語る。

「イチローさんと出会ってから、負け嫌いという言葉を、ずっと使っています」

負けず嫌いではなく負け嫌いとは、もとはイチローの言葉だ。「負けたことがないのに嫌い」な負けず嫌いではなく、「負けて、その悔しさを知っているから嫌い」なのが負け嫌いだと、イチローは言う。章男はその言葉を借り、いまや、さまざまな場面で「負け嫌い」と口にする。

章男は、悔しさをバネに、負け嫌いの本領を発揮して戦い続け、心の葛藤を乗り越えてきた。長年にわたって苦しんだアイデンティティー・クライシスから脱却したのだ。その心のありようについて、イチローに次のように物語った――。

社内のスキー大会が開かれたとき、章男は大会の口火を切るため、最初に滑るように求められた。ゲレンデでの練習に付き合ってくれたのが、ゲストとして招かれていた大日方《おびなた》邦子だ。チェアスキーヤーで、2006年トリノパラリンピックの大回転の金メダルのほか、数々のメダルを獲得した選手だ。

彼女とリフトに乗る際、章男はハタと困惑した。どのようにサポートすればいいのか。助けなければいけないのかどうかさえ、わからなかった。すると、彼女は、章男の動揺を見透かしたように、サラリと「何もしてくださらなくていいんです」と言った。

章男は、「助けなければ……」と考えること自体が〝支援者目線〟だと気づかされた。「彼女は〝ファイター〟として普通に扱ってほしいと考えているんだ」と、深く悟った。

同じような経験は、もう1度あった。2016年リオパラリンピックの視覚障害者マラソンの選手で銀メダルを獲得した道下美里の伴走をする機会があった。すると、目の不自由な彼女がいきなり握手を求めてきた。少しも臆することのない態度に深く感動した。ああ、彼女らは、ハンディキャップを「個性」として、前面に出して戦っている。

彼はひらめいた。豊田家の御曹司であることが負い目だったが、それは「個性」じゃないか。彼女たちがハンディキャップを「個性」としているのと同じように、3代目は「個性」そのものじゃないかと考えた。発見だった。大きな勇気をもらった。章男は、イチローにこう語った。

「私は、豊田という名前や3代目というのは、ハンディキャップを背負っているようなものだと思っていた。でも、パラリンピックの選手たちと接したとき、彼らはハンディキャップを前向きに『個性』と捉えていますよね。それを見て、私も名前や立場を『個性』と捉えて生きていけばいいのだと思うようになりました」

心の葛藤を、脱した瞬間だった。それは、今日風にいえば、章男が本当の意味で多様性を理解したということになる。強烈な「個性」を持つ他者を受け入れることは、豊田家に生まれた自分自身の「個性」を受け入れることにつながったのだ。

章男が自らの境遇から逃げることなく、向き合い続けてきたからこそ達した境地である。アイデンティティー・クライシスの正面突破だ。考えてみれば、章男は50代になって初めて自分という存在に納得し、創業家を背負っている理由に折り合いをつけて、生きていく意味を見つけた。彼の出自をめぐる悩みが、いかに常人の想像を超えて、きわめて深刻なものであったか。

イチローは、章男に対し、以下のような話をした――。

大リーグでなかなか自信を持てず、レストランに行くときも、人目につかないように個室を予約して、隠れるように食事をすることが多かった。葛藤を乗り越えたのは、2004年、262本の安打を放ち、大リーグの年間最多安打記録を84年ぶりに塗り替えたときだった。自信と誇りが湧いてきた。以後、レストランでも堂々とカウンター席に座れるようになった――。

イチローは、プロ入りの際、「そんな細身ではプロの世界には通用しない」と、体の細さを疑問視された。現に、オリックス・ブルーウェーブ（現オリックス・バファローズ）が指名したのは、ドラフト4位だった。米国に渡る際も、「大リーグで野手なんて、通用するはずがない」とまで言われた。

2018年12月の章男とイチローと小谷真生子の鼎談の席上、イチローはこう語っている。

「僕は小さい頃から『できない』と言われ続けてきた人生なんです。今回もまた、『来年春、再びユニホームを着て、フィールドに立つことなんてできっこない』と思われていた。201

8年以降は、試合に出られないのに、同じように毎日準備を続けることなんてできないと言われた。でも、2019年の春にグラウンドに立てる希望があった。僕には自信があって、実際にグラウンドに立ちました」

年齢を重ねれば体力は落ちるのが、世間の一般常識である。イチローは、現役選手を続けるなかで、できるはずがないと笑われながら、世間といつも戦い続けた。

また、イチローには、2016年のマイアミ・マーリンズ時代、米大リーグ通算3000本安打を達成した際に口にした、有名な言葉がある。

「達成した瞬間にチームメートが喜んでくれて、ファンが喜んでくれた。3000という数字よりも、僕が何かをすることで、僕以外の人たちが喜んでくれることが、今の僕にとって何より大事だと認識した」

章男は、このイチローの言葉に、米公聴会の際の自らの姿を重ね合わせた。後述する公聴会後、ディーラーや工場の関係者と会った際、「独りではなかった。みんなを守ろうとして戦っていたつもりが、実は自分が支えられ、守られていた」と気づいた場面によく似ていたからだ。彼は、イチローの気持ちを、心の底から理解したのだろう。

豊田家の御曹司と、孤高の天才バッターには、ともに世間からの高い期待を背負い、長年にわたって戦い続けてきた者同士の共振がある。

孤独な生き様に共通する愛

2019年1月、章男は、社員に向けた年頭あいさつのなかで、前記の2018年12月の鼎談の一部を紹介している。

「プロ選手にとって、チームとは何か」

と、章男がイチローに問いかけた場面である。イチローは、「大変難しい話」としながら最終的に次のように結論を出した。

「同じユニホームを着ていても敵。プロ野球は、チーム競技なのに個人競技なんです」

プロ野球選手とは、その意味で、どこまでも「個」すなわち孤独な存在である。

このイチローの言葉は、社員と企業の新たな関係づくりに頭を悩ませる章男にとって、自らの考えを整理する言葉だったようだ。

「この話を聞いて私はすっきりしました。皆さんは自分のために自分を磨き続けてください。トヨタの看板がなくても、外で勝負できるプロを目指してください。私たちマネジメントは、プロになり、どこでも戦える実力をつけた皆さんに、それでもトヨタで働きたいと心から思ってもらえる環境をつくり上げていくために努力します」

と、章男は力説した。

似ているといえば、そもそも両者は夢中になる対象を持っている。章男はクルマ、イチローは野球に夢中で取り組む。その夢の奥底にある共通項は、「愛」である。

イチローは、引退会見の席上、28年間のプロ生活で貫いたものは何かと問われ、「野球を愛したこと」と答えた。章男は、米公聴会の席上で、「私は、誰よりもクルマを愛しています」と語った。

愛するものに人生を捧げ尽くす生き様は、2人の共通点である。

愛とは何か――。

そんな話も、2017年10月のトークショーで飛び出した。

イチローの愛は、見返りを期待しないことだ。

「練習は裏切らないという言葉には、これだけやったらこれだけ返してくれるよねという思いが入ってしまっているんですよ。でも、報われるとは限らないという思いが生まれないと、愛ではない。一方通行であるべきなのが、愛だと思いますね」

これに対して、章男の語る愛は何か。

「以前は反対していた人であっても、理解してくれたら許す気持ちを持つこと。一方で、反対することが目的の人たちは無視するしかない。ただ、許すにせよ、無視するにせよ、そこに愛がなければ、対立軸になってしまうと思う」

そして、次のように付け加えた。

「愛のない人間になってしまったら、愛車なんてつくれるような立場ではありませんよね」

章男が本音を話せる相手として、イチローは、これ以上ない適任者だ。

社内では話せない苦労、同業者には語りづらい自負、また、表立っては口にできない弱音も、イチローには話せるのだろう。

それは、孤独のなかで戦う、戦士同士の絆である。

改善にもバッティングにも完成形はない

章男は、イチローの野球に対する姿勢や考え方を鏡に映すようにして、トヨタのクルマづくりに対する姿勢や、社長としての自分の姿を見つめ直す。すると、彼自身が気づいていなかったトヨタの姿、自らの心象が、見えてくるようだ。

その一例を挙げてみよう。

トヨタはモノづくりに、真摯に、愚直に向き合ってきた。その姿は、イチローが野球に対し、準備やルーティンを重んじながら、真っすぐに向き合う姿勢と重なる。

よく知られるように、トヨタにおけるモノづくりを象徴するのが改善だ。トヨタは、「3年間、何も変えなければ会社が潰れる」といわれるほど、変わらないことを悪とし、つねに改善を続ける。トヨタお得意の原価低減は、あらゆる面でムダ、ムラ、ムリを排して改善を積み重ねることによるコストの圧縮に尽きる。

章男の言う「もっといいクルマづくり」は、いいクルマの完成形を示すのではなく、よりよいクルマ、すなわちクルマづくりのプロセスを改善し続けることにほかならない。

同じことは、イチローのバッティングにもいえる。イチローは、毎年バッティングフォームを変え続けた。首位打者となっても、安打数が過去最多を記録しても、次の年にはフォームを変えてしまう。現状より前に進むためには、つねにチャレンジが必要だと信じるからだ。彼は、章男に対して次のように語った。

「バッティングフォームを変えた結果、前の年よりも成績が下がったり、うまくいかなかったりすることもたくさんあります。むしろそのほうが多いのかもしれません。でも、僕は、成長することは、真っすぐにそこに向かうことではないんじゃないか、前進と後退を繰り返して、少しだけ前に進む、つまり、後退も成長に向けた大切なステップじゃないかと思うんです」

改善に終わりがなく、いいクルマに完成形がないのと同じように、イチローは、バッティングフォームにも完成形はないと考えるのだ。「後退するときもある」というイチローの言葉は、章男に、グサッと刺さった。

章男自身、「トライして都合が悪ければ、すぐに変えればいい」と語る。

変化することはリスクだ。しかし、成長し続けるためには、つねに変化しなければならない。リスクを取ってでも、変化を続けなければならない。後退は、成長の過程の必然なのだ。トヨタの経営を考えるとき、章男は、イチローの言葉がよく理解できた。

章男はまた、2019年1月10日にトヨタイムズに掲載された「モリゾウのつぶやき」で、イチローの次のような言葉を引用している。

「失敗とどう向き合うかが大切だ。失敗の原因を第三者に向けるのではなく、自分に何が足りなかったかを問うべきだ。だから、僕はバットやグラブの手入れを怠らない。失敗の原因を道具ではなく、自分自身に向けるために」

イチローは、初対面の際にこの言葉を章男に語った。その後、彼は、前記の2018年12月の鼎談のなかで、次のような言葉を口にした。

「僕はプロ野球生活の26年間、同じバランス、同じ形のバットを使い続けているんです」

昨日より調子が悪いとき、もしバットを替えていれば、不調の原因が自分にあるのか、バットにあるのかわからない。バットを替えると、不調をバットの責任にすることになる。だから、同じバットを使い続けた。

それと同じ理由から、イチローはホームにいるときには毎朝、必ずカレーを食べた。あるいは、試合の前に必ず愛妻の握ったおにぎりを頬張った。いずれも有名な話だ。つまり、調子が悪いことを食事のせいにしないためである。食事も、バットなどの道具もすべて同じであるにもかかわらず、よい結果が出なかったとすれば、原因は自分にあることがハッキリわかるからだ。

だからこそ、イチローは、シーズンオフにもトレーニングを欠かさず、グラウンドではもちろん、野球道具の手入れや食事までルーティンワークを繰り返し、己を鍛え続けた。より優れたバッティングを目指す求道者の姿そのものではないか。

「基本的には、自分に責任があるって思いたいんですよ」

と、イチローはサラリと語る。

果たして、トヨタの全従業員が、イチローのように求道者のごとく厳しく突き詰めて改善活動に取り組んでいるだろうか。章男は、そう考えたのではあるまいか。

イチローは章男に、バットとグラブをプレゼントした。それらは新品ではなかった。いずれもイチローの厳しい戦いの痕跡をとどめる傷だらけのものだった。章男は、そのバットとグラブを、トヨタの野球部員とソフトボール部員全員に見せて、触れさせた。そして、言った。

「何かを感じなさい」と。

ホッケーで身につけたピンチのときの行動

2015年の対談のなかで、イチローは、章男に次のように問いかけた。

「章男社長は、『ピンチはチャンスだ』と言うけれど、実際のところ、ピンチはピンチじゃないですか?」

「僕だって、ピンチはピンチと思っている。でも、僕がピンチと言ったらおしまいでしょう？　だからピンチはチャンスだと言うんです」

そして、章男は、こう説明した。

――僕は、慶應大学のホッケー部に所属した。つまり、体育会系なので、頭で考えるよりも先に体が動く。思った方向に走っていって、間違いだと気づいたらそこから直していけばいい。それが、ピンチがチャンスになるということだと思っている。

最初からチャンスの光景が見えているわけではない。考えるより先に走ることは、危険な領域に踏み込むわけではなくて、一歩踏み出すことにより安全地帯に向かっている感じがする。

というのは、ホッケーで、僕のポジションは、最前列のフォワードだった。サッカーでいうPKの場面では、打ってくる相手の前に飛び出して、スティックで球を止める役割だった。その場合、出足が遅れて中途半端な場所にいると、相手が打った球をまともに食らう。逆に、近づけば近づくほど、球が高く上がらないため安全になる。それを体で覚えた――。

ちなみに、ホッケーの球は、野球の硬球とほぼ同じ大きさで、20グラムほど重く、当然硬い。シュートの際の球速は時速２００キロメートル近いという。章男はその球を食らい、何度も痛い思いをしたのだろう。

「ピンチのときの自分の行動は、近づけば近づくほど安心と、潜在的に感じているからかもしれないね」

として、次のように語った。

「決断も大事ですけど、まず、速く、いちばんヤバいところに近づくのが、安全なんですよ」

さすれば、大きなピンチは大きなチャンスを生むことになる。「守りに入っては、チャンスはやってこない」と、章男は語っている。

当時の慶應大学ホッケー部には、「返事はハイとはっきりと」「行動は迅速に」「時間厳守」「言い訳無用」――の厳格なる4原則があり、章男はそれをきっちり守っていた。前に述べたように、彼は知的体育会系だ。頭より身体で考える。分析や理論より現地現物で実践を重視する。何事にも体を張って本気で挑み、簡単にはあきらめない。

かといって、アスリートは頭を使わないわけではない。全速力で走り続けるプロセスで、超高速で「ＰＤＣＡ（Plan・Do・Check・Action＝計画・実行・評価・改善）」を回転させているのだ。彼は、それを地で行った。

トヨタは今、これまでのカーメーカーからモビリティカンパニーへの転換を宣言し、ダイナミックに動き出している。この果敢な決断力と知的機動力こそは、知的体育会系のバーバリズムのなせる業だろう。

日本を背負って戦う重圧

イチローは、プロ選手と、所属するチームとの関係を、章男に本音で、こう語った――。

同じユニホームを着ていても、プロ選手はお互いに敵だ。このチームで何としても勝ちたい、最後にこのチームで喜び合いたいと思うチームはめったにない。

ただし、次のようにも言う。

「このチームで勝ちたいと強く思ったのは、2006年と2009年のWBC（ワールド・ベースボール・クラシック）のチームです」

断るまでもなく、WBCのチームは日の丸を背負っていた。絶対に勝ちたいという闘志、思いが詰まった時間を共有したのは、断トツでWBCの2チームだったと、イチローは力説した。

もっとも、イチローは、2009年のWBCで戦った際、胃の不調を覚えた。つねにグローバル競争の最前線で戦い続ける章男は、日の丸を背負って戦うことがいかに精神的重圧を伴うかがよくわかる。

イチローは、ファンやチームメートからの期待に応えなければならないという重い責任を負ってきた。高額な年俸は、その額に見合う活躍、すなわち、チームの勝利への貢献の証しだ。

対する章男は、従業員の生活を担う責任、あるいは、日本経済を支える責任を負っている。2

人が負う責任を単純に比べることはできない。が、それにしても、章男の背負う責任の範囲は小さくない。

2015年の対談で、イチローは言った。

「章男社長は、人の期待に必ず応えないといけないお立場じゃないですか。それは絶対、外せない。僕は、外せてしまうんです。無視はできないけれど、好き勝手やってもいいじゃないかという感覚が、顕著に出てきています」

責任の対価、すなわち章男の報酬について、前記の2018年12月の鼎談で、イチローが「給料、安くないですか」と発言する場面があった。

「30億円くらいもらってくださいよ」

と、章男に迫った。

イチローの最高年俸は、2008年から2013年までの約18億円であるのに対して、2019年3月期の章男の役員報酬は3億8600万円にとどまる。ほかのグローバル企業の経営者と比較しても決して多くないことは、以前から指摘されてきた。自らも「燃費のいい社長といわれています」と語っている。

章男は次のような返事をする。

「でもね、独りでやっているわけじゃないんですよ、私は。責任はたぶん、独りで取るんでしょうが、その〝責任代〟は、多くの人が納得できる金額であってほしい。その額は、今のところ、わからないんですよ」

これに対し、イチローは「そんなのいくらだって納得する」と言った。小谷真生子は「今の2倍にしても、副社長より少ない」と指摘した。

小谷の言う副社長とは、6人いる副社長のうち、唯一の外国人であるディディエ・ルロワである。会長を務める欧州子会社の役員報酬を含め、2019年3月期に10億4200万円を受け取った。トヨタは、業務内容や出身地域の報酬水準を踏まえ、人材戦略の一環として額を決定したとしている。

グローバル時代に、日本人と外国人のダブルスタンダードを続けていくのは無理がある。章男自身、「ちょっといけないなと思っている」と話し、いつかは同水準にしたいと強調して、次のように付け加えた。

「でもね、日本は、変な格差を絶対につくっちゃいけないと思っているんです。とくにわれわれ製造業みたいなところは……」

章男の本音だろう。しかし、イチローは強く反発した。

「何を言っているか、全然わからない。今まで章男社長といろいろお話しさせていただいて、明快ですごくわかりやすかった。けど今のは、全然、意味がわからない」

「わからない？　何でだろうな？」と、章男は笑ってやり過ごし、話題は次へ移っていく……。

滅私奉公のリーダーシップ

「華美を戒め、質実剛健たるべし」は、豊田綱領の一節だ。章男はこれを地で行く。章男が30億円もの高額報酬を得た場合、トヨタの強さを維持できなくなるという見方もできる。

また、章男には、まじめに、愚直にモノづくりに取り組む若者たちの未来を守りたいという思いがある。トップクラスのITエンジニアや証券パーソンなどは、1人のアイデアが大きな富につながるため高額の報酬を得る。一方、モノづくりの底力は、正当に評価されにくい。黙々と改善に取り組み、匠の技を極める努力を怠らない若者たちもまた、きちんと評価されなければいけない。さもなければ、日本のモノづくり、ひいては製造業は立ち行かなくなるという危機感だ。

章男は、何のためにトヨタ社長を務めているのか。そこに、自分自身のためという要素は希薄だ。皆無に近い。国のため、自動車産業の発展のため、顧客や従業員などステークホルダーのため、世界のモビリティの発展のためという大義がある。

したがって、仕事には、ほとんど私情を挟まない。自らの利害を、枠の外に置く。だから、役員報酬への執着も薄いのだろう。

章男は、「みんなで仕事をしているのだから、自分だけ報酬を上げるわけにはいかない」と考える。みんなに支えられているという感覚である。

２０１５年の対談で、章男は、イチローにこう語っている。

「みんなが喜んだり、幸せそうな顔をしているのが、自分の幸せ。そういうふうに育っちゃったのかな……」

章男の仕事ぶりは、もはや〝滅私奉公〟に近いかもしれない。その生き方を、章男は自ら選んだ。己のすべてをなげうって、今、トヨタのトップに立つ。グローバル時代に、その生き方がどう評価されるのか。結論はまだ出ていない。

第Ⅱ部　経営者

豊田章男は、リーマン・ショックの直後、世襲批判を乗り越えて社長の座に就くや、大規模リコール事件、東日本大震災と、立て続けに試練に直面した。

結果的に、これらの試練により、彼は経営者として鍛えられた。

その後、章男は、経営改革に徹底的に取り組んだ。実際、平成の「失われた30年」の間に、これほど矢継ぎ早に経営決断を重ねていった社長はいない。

社長就任10年を経て、章男はいま、社長業のセカンド・ステージに入った。

ある役員は、現在の章男について、「無駄な慈悲がなくなった」と表現する。自他ともに「甘え」がなくなり、よりストイックになったということか。人間として、経営者として、より厳しくなった。

彼はいま、何を恐れているのだろうか。

〝トヨタは大丈夫だ〟という社員の油断であり、「慢心」だ。

章男は自ら最大限のエネルギーを経営課題に注ぎ、社員にも奮起を求める。

現在のトヨタの好調、独り勝ち状態がいつまで続くのか。他社の〝敵失〟の結果に過ぎないという見方もある。

前途は、いまなお多難だ。

第5章　門出――逆風に抗して

玄関ロビーで行われた社長就任の発表

豊田章男のトヨタ自動車社長への就任、すなわちトヨタの〝世襲劇〟は、初っぱなから波乱含みだった。こんなはずではなかったと、豊田家は思ったに違いない。それほど世襲劇の裏では、通常のトップ交代ではお目にかかれない異例現象が見られた。それは、トップの座をめぐる攻防の激しさを想像させた。

豊田家にとって、豊田の姓を持つ新社長の誕生は、待望だった。7代目社長の豊田達郎が退いたのは1995年8月。以来、2009年6月に章男が就任するまで、奥田碩《ひろし》、張富士夫、渡辺捷昭《かつあき》と、3代のサラリーマン社長が続いた。実に14年が経っていた。

章男は、トヨタ自動車の創業者である豊田喜一郎の孫であり、名誉会長の豊田章一郎の息子、すなわち正統な創業家の3代目。正真正銘の御曹司の社長就任だ。

本来、〝大政奉還〟は、慎重の上にも慎重を期して、しかるべきタイミングを見計らって行われるはずの一大イベントである。

ところが、実際には、そう簡単に事は運ばなかった。

２００９年1月20日、章男の社長昇格を発表する会見が行われるという通知が届いたのは、当日の昼過ぎである。18時30分開始予定だった。もっとも、社長交代の発表は、突然行われるケースが少なくない。

ただ、トヨタクラスの社長交代の記者会見となれば、場所は高級ホテルで華々しく行われるのが普通である。が、あろうことか、東京・水道橋にあるトヨタ東京本社の玄関ロビーだという。

明らかに、にわか仕立てであった。異例だった。

会見冒頭の出席者紹介では、マイクが音を拾わず、司会者がとっさに、「大きい声でやります！」と声を張り上げるハプニングまであった。何もかも、どこか、ドタバタ感が拭えなかった。

出席者たちは、一様に緊張した様子で、悲壮感さえ漂っていた。なぜ、こんなことになってしまったのか。

トヨタは、章男の社長就任に向け、周到に準備を進めていた。２００５年、10代目社長の渡辺の就任と同時に、章男は取締役副社長に就任した。この時から、章男の次期社長就任は既定路線とされ、あとはタイミングの問題とみられていた。

大政奉還近し、というので、それをスムーズに行うため、ある部署では、世襲について研究が重ねられた。たとえば、松下電器産業（現パナソニック）は、創業者の松下幸之助から娘婿の松下正治へと続きながら、なぜ3代目の松下正幸へのバトンタッチがうまくいかなかったのか。江戸時代から続く、山形県酒田市を本拠とする東北一の豪商の本間家が、戦後の農地改革を生き延び、今日まで続いているのは、どこに秘密があるのか。ひそかに研究が続けられた。こういうところは用意周到、トヨタは抜かりなかった。

副社長だった章男自身は、販売店や部品メーカーを回って顔を売り、メディアの取材を受け始めるなど、対外的にも徐々に存在感を増していた。

ところが、100年に1度といわれたリーマン・ショックが誤算を生んだ。

底が見えない赤字へ転落

「潮目が変わった」――。

2008年に入ると、拡大路線を突っ走っていた当時の社長の渡辺は、そう口にするようになった。

「米国の販売現場の第一線からは、『何かおかしい』『販売努力をしても売れない』という情報が、5月の連休明けごろから入るようになっていました」

そう語ったのは、当時、経理担当の副社長で、一時、ポスト渡辺の有力候補の1人と目された、逸材の故・木下光男だ。

以下は、リーマン・ショック前後について、木下が語った秘話である——。

確かに、2007年のトヨタは絶好調だった。同年度の売上高は26兆2892億円、営業利益2兆2703億円と、いずれも過去最高を更新した。一気に、念願の世界一に王手をかけた。しかし、中身は必ずしもよくなかった。とくに、第4四半期（2008年1～3月）は、ドーンと一気に販売が落ちた。

2007年を終え、2008年を迎えると、トヨタも他社と同様に、新年度の経営方針について検討を始める。2008年度の新規事業計画を練り始めたところ、市場の異変を受け、調査部からは景気予測について「成長シナリオ」「減速シナリオ」「クラッシュシナリオ」の3つのシナリオが示された。つまり、松・竹・梅である。

トヨタは、これまでどおりの急激な成長は続かず、なだらかな成長にとどまるという判断から、竹シナリオを選択した。いかにも、極端を嫌うトヨタらしい。通期の見通しは減収減益とせざるをえなかった。しかし、実際の世界景気は、竹どころか梅シナリオをもはるかに下回る、大クラッシュを起こした。

仮に、最悪の梅シナリオを選択し、より早い段階から徹底した対策を取っていたならば、トヨタは、リーマン・ショックであれほどの大赤字を計上することはなかったかもしれない。経営判断を誤った。

実際、対策は後手に回った。新年度がスタートして以降も、市場の急速な悪化は続いた。

運命の9月15日——。

昼休みにテレビでリーマン・ショックのニュースを見た木下は、大変なことが起こりそうだと思った。しかし、まさか、これほどまでに実体経済が深刻な事態に陥ろうとは予測していなかった。

2008年10月以降、北米をはじめとする市場において、トヨタの販売台数は、ものすごい勢いで急降下を始める。現地のヤードは、日本から到着した自動車運搬船が次々と吐き出すクルマで、たちまち満杯になった。

欧米先進国にとどまらず、東南アジアや中国など、新興国市場も冷え込み始めたうえ、対ドル、対ユーロの大幅な円高が追い打ちをかけた。

トヨタだけではなかった。世界中の自動車メーカーが、世界経済の急減速にあえいでいた。なかでも、米ビッグスリーのGM（ゼネラル・モーターズ）、クライスラーの2社は、破綻にまで追い込まれた。また、フォード・モーターも危機的状況に陥り、傘下の複数のブランドを売却、マツダへの出資比率も引き下げた。

国内メーカーを見ると、ホンダはかろうじて黒字を維持したものの、F1から撤退。日産自動車は、同年度に1379億円の営業赤字を計上した。

トヨタは、10月には社長の渡辺を委員長とする緊急収益対策委員会を設置し、徹底したコスト削減で収益確保に取り組んだ。緊急VA（価値分析）活動の強化、設備投資の抑制など、打てる手はすべて打ち、何とか黒字を確保しようとした。役員は率先してトヨタのクルマを自家用車として買ったほどだ。

しかし、販売の落ち込みと急激な円高の影響は、とても補えなかった。

11月6日、トヨタは2008年度の第2四半期決算発表時に、通期の営業利益の予想について、1兆6000億円から6000億円へと、1兆円の下方修正をした。翌日のトヨタ株は前日終値3810円から3460円へ、350円の大幅安となった。トヨタショックである。

その後、12月と2009年2月の合計3度の下方修正を重ねた。最終的に4610億円の営業赤字で、過去最悪だった。悪夢だった。

「底が見えない。本当に心底怖かった。震え上がった」と、木下は述懐した。

リーマン・ショックは、最終的に〝渡辺退陣〟そして〝章男登場〟の引き金になる。

背負った2つの重荷

「社長交代　豊田章男氏に」「トヨタ、通期連結赤字」――。

2度目の下方修正発表の翌日、2008年12月23日の朝日新聞朝刊1面のトップ記事のヘッドラインである。

トヨタの社長交代を報じたのは、朝日新聞だけだった。朝日の特ダネだった。なぜか、日本経済新聞、毎日新聞、読売新聞は後追いもしなかった。わずかに産経新聞と共同通信、時事通信が報じたに過ぎない。

経済専門紙ではない朝日新聞が、トヨタの社長人事をスクープするのは、きわめて珍しいことだ。異例だ。これは、トヨタ側からのリークがあったとみて間違いないのだろうか……。露骨にいえば、なぜ、日経新聞ではなく、朝日新聞だったのか。異例現象といわなければいけない。

トヨタは、これまでマネジメントに関して、本当のことは絶対に表に「出さない」「言わない」企業とされてきただけにどこか不自然さを感じさせた。

当時、大政奉還をめぐって、社内に意見の対立があると噂され、臆測を呼んでいた。

事実、週刊誌には「トヨタ〝世襲礼賛〟報道に異議あり」と題する記事が掲載された。ＯＢ

による世襲反対の動きも水面下であった。

年を越した1カ月後の2009年1月20日、冒頭に触れたように社長交代の記者会見が開かれた。世襲の成立である。

ただ、副社長の章男の社長就任を報告したのは、会長の張で、社長の渡辺ではなかった。本来、後任については、社長が発表するのが常道である。これまた、異例といわなければならない。

張は、章一郎の信頼が厚く、豊田家に近い立場にあった。現に、後日、章男は張について「父親のような大きな存在」と発言した。

張は、次のように述べた。

「現在のような激動期には、豊富な経験に加え、お客様第一、現地現物という創業の原点に立ち返るとともに、新しい視点、若々しい発想を持ちながら、時代の大きな変化を中長期的な観点で見据え、時には大胆な改革を進めることが大変重要です」

そして、章男について、次のように強調した。

「激動期の新社長に、最適任であると確信しております」

記者からは、「厳しい経営環境のなかで、今が昇格時期なのか」と、際どい質問が出た。張は、「考えるところはありました」としたうえで、次のように語った。

「今回は100年に1度の不況。簡単に晴天は戻らない。若い力で思い切った改革をしていったほうがいいということで、決めたわけです」

さらに、張は、「本人には、数日前に心の準備をしておくようにということを申し上げました」と話した。

トヨタの2008年度の業績は、前述のとおり4610億円にも及ぶ巨額の営業赤字だった。渡辺は、その責任を取って解任されたも同然だったのである。

豊田家にしてみると、リーマン・ショックによる戦後最大の赤字は、タイミングの良しあしは別にして、大政奉還に十分に値すると考えたとしても不思議ではない。

結果、章男は、世襲という大きな荷物に加えて、想定外の大赤字を背負って出発する羽目に陥った。玄関ロビーでの異例の社長昇格発表も、大赤字による経費削減のためであった。逆境の船出である。

長くて厳しい戦いの始まり

はたから見ても、社長交代の記者会見の章男の表情には、いわゆる初々しさはみじんもうかがえなかった。

蒼白な顔面には、孤独感が漂っていた。緊張が深く刻み込まれていた。何かをジィッとこらえているように思われた。切迫感が伝わってきた。

内に秘めた強い意志を押し出すかのように、彼は、一気にこうあいさつをした。

「100年に1度といわれます未曾有の難局の中、トヨタの舵取りという大きな役割を担うことになりました。今はただただ、その責任の重さに身の引き締まる思いでございまして、抱負などにつきまして、具体的な考えを申し上げられる段階にはございません」

数々の試練を乗りこえ、やっと社長に就いたというのに、正直、物足りないという印象を受けた。

世界経済の大危機のさなか、日本経済を支える大黒柱のトヨタの新社長が、これで務まるのか。しょせん、3代目のお坊ちゃんか……と。

章男は、そうした批判を意識して、次のように述べた。

「豊田の姓に生まれたことにつきましては、私に選択権はございません。今までもそうでありましたように、これからも、豊田章男として、私がやるべきと信じること、私にできることを、精いっぱいやっていきたい」

これは、章男の本心だった。

しかし、71歳の会長の張と、66歳の社長の渡辺に挟まれた、52歳の若き次期社長の言葉は、貫禄不足なのか、実績の乏しさなのか、表面的に響いたのはやむをえなかった。

張は、会見の最後に、豊田家への大政奉還を意識してか、次のように締めの言葉を述べた。

「豊田章一郎名誉会長は、ストロングカンパニーではなく、グッドカンパニーになるのだと、ずっと言っておられました。豊田家だからこそ、そういうことを、つねに真ん中にいて見ておられた。豊田家とは、単に旗印や求心力ではなく、行動で裏打ちされているんです。サラリーマンとは立場が違うと、強く感じております」

つまり、創業家出身のトップとサラリーマン出身のトップとの相違についての見解を披露した。「単に旗印や求心力ではなく、行動で裏打ちされている」と。

はなむけの言葉は、章男には、重いプレッシャーとしてのしかかったに違いない。

当時のトヨタ連結の従業員数は約32万人、国内だけでも7万人である。加えて、未曾有の世界経済危機の真っただ中、先のまったく読めない状況で、巨大組織のトップに立つ責任と重圧が章男に襲い掛かった。

新旧社長と会長のスリーショットでは、張と渡辺が笑顔を浮かべる間で、両人と手を重ね合わせた章男は口を一文字に結び、闇の中を凝視するかのように、一点を見つめていた。無数のフラッシュを浴びる章男には余裕は見られなかった。「孤独」を背負っていた。

必ずしも、豊田家の描いたとおりではなかったが、かくして大政奉還は成った。しかし、それは、彼の長くて厳しい戦いの始まりに過ぎなかった。

「現場にいちばん近い社長でありたい」

章男は、トヨタ社長に就任したものの、大赤字という逆境の船出である。社長の椅子の座り心地はよいものではなかった。前途が思いやられた。

新体制とはいえ、9人の代表取締役のうち、53歳になった章男を除く全員が60歳以上だった。社長の上には、実父である名誉会長の章一郎を筆頭に、代表取締役会長の張、代表取締役副会長の渡辺、同・岡本一雄が鎮座。奥田や木下ら、大物相談役も複数おり、章男は、いったいどれだけの権限を持っているのか、と危惧された。

「章男さんを社長に」――は、豊田家の総意である。世襲とはいえ、いや、世襲であるがゆえに、就任当初の環境は、危うさに満ちていた。

当時、株主、グループ会社、サプライヤー、トヨタの役員や役員OB、社員さえ、さめた目で章男を見ていた。

章男は、2009年1月の社長交代を発表する記者会見の席上、決意をこう述べた。

「あえていうなら、現場にいちばん近い社長でいたいと思っています」

お手並み拝見と眺める関係者を前に、あまりにも無防備で、拍子抜けするメッセージだった。考えようによっては、これほど平易な言葉はないのだが、現場に近い社長とは、いささか志が低いようにも思われた。なかには、もっと社長らしく、高尚な経営ビジョンを語ってもいいのではないか、と疑問を呈した人もいた。

果たして、章男の真意は、どこにあったのか。

章男は、現場にこそ、企業経営の本質があると考える。現場とは、まさしくトヨタの代名詞といっていい。

トヨタの強さは、徹底した人づくりからくる現場力にある。その点は疑う余地がないだろう。豊田家にとって現場は、それこそ宝物である。

だからといって、現場の強さを矜持《きょうじ》とするトヨタのトップが現場に近い社長を強調したところで、目新しさはない。では、なぜ章男はそう訴えたのだろうか。

むろん、背景の1つは、豊田家の血筋と想像される。トヨタの創業者で、章男の祖父に当たる喜一郎、そのいとこに当たる英二、さらに喜一郎の息子の章一郎、達郎ら豊田家の社長経験者は、全員現場が大好きだった。現地現物を重んじた。トヨタの経営の根幹は現場にあるというのは、トヨタの経営哲学そのものだ。

章男は、家庭環境からいって、TPSと現地現物なる言葉は〝耳タコ〟だろう。現場がいかに大事な宝物であるかについて、幼い頃から聞かされ続けただろう。

大名の子は、いたずらをすると「坊ちゃま、そんなことをすると城が落ちますよ」と、教育係が叱ったといわれるが、章男も、帝王学をたっぷり受けて育ったことは容易に想像できる。

ソニー創業者の盛田昭夫も、愛知県常滑市の江戸時代初期から続く造り酒屋の長男として生まれ、幼少時代から帝王学を仕込まれた。父親は、従業員に訓示をするとき、いつも彼を横に立たせた。

現場にいちばん近い社長といえば、ホンダ創業者の本田宗一郎が思い出される。宗一郎は、『私の手が語る』（講談社文庫）の著作があるように、数々の手の傷こそが、現場で夢中で仕事をしてきた証しとしている。

むろん、文系社長の章男は、手に傷はない。叩き上げの宗一郎のように、現場に溶け込むのは無理だろう。だが、彼は、巨大企業化したトヨタにおいて、いつの間にか、管理職と現場の間に深い溝ができているのではないか、と危機感、焦燥感を持っていた。それが「現場にいちばん近い社長」という言葉に込めた、章男の真意だった。

社長として社内外にメッセージを発するとき、章男は難しい言葉を避け、わかりやすい言葉をわざと選ぶ。

その背景には、若い頃から持つ、彼流の現場論があった。

世の中、大卒のエリートはせいぜい3割で、あとの7割は現場の人たちではないか。現場が世の中を支えているのだから、わざわざ難しい言葉を用いる必要はない。専門用語ではなく、誰にでもわかる言葉で伝える。現場を大事にするのであれば、それは当たり前ではないか。

あくまでローアングルなのだ。エリート層に支持されるより、現場に支持される社長でありたいという気持ちもあっただろう。それは、トヨタが直面する逆境を乗り越えるための基盤でもあった。しかし、就任直後、まだ章男の人となりを誰もよく知らない中で、孤独な社長が口にした平易すぎるメッセージは誤解を招いた。

「もっといいクルマをつくろう」

章男が、就任時に発したもう1つのメッセージがある。「もっといいクルマをつくろうよ」――である。

このフレーズもまた、「現場にいちばん近い社長」と同様、あまりにも平易である。当たり前すぎて、むしろ、何が言いたいのかわからない。

この言葉をどう解釈し、具体的なアクションにつなげればいいのか。

ここに1枚のペーパーがある。「もっといいクルマをつくろうよ」に関する章男の発言を集めたもので、ある広告代理店がまとめた。彼の言葉の真意を探ろうと、周囲は手を尽くしたのだ。以下、引用してみよう。

「楽しくなければクルマじゃない」「コモディティになってはいけない」「お客様が笑顔になるクルマ」「感性に訴える味を持ったクルマ」「日本という国の良さを知ってもらうクルマ」「思いつきではなく、現場を大事にしたクルマづくり」「一段と身近なクルマ」「移動手段ではなく、夢を与えるようなクルマ」「ビス1本の締めつけもおろそかにしないようなクルマづくり」「この値段なら買える、買いたいと思ってもらえるようなクルマ」「クルマに乗ることが楽しい、クルマで遊ぶことが楽しいと思ってもらえるようなクルマ」――。

なるほど、御説ごもっともで、その主旨には誰も異を唱えられないだろう。

実は、この言葉の裏には、2000年代に突入してからの数字にこだわりすぎた拡大路線がリーマン・ショックで破綻したことに対する、強烈な反省がある。トップが目標数字を口にすれば、途端に数字が独り歩きする。

「トヨタは一時、クルマではなくおカネをつくる会社になっていた」

と、章男は語っている。さらに、こうも言っているのだ。

「たくさんクルマをつくって褒められるより、いいクルマをつくって褒められたい」

創業家出身社長として、家業へのこだわりがある。彼の頭の中には、豊田家の血筋への回帰が、つねに去来している。

もはや金太郎飴ではダメ

いいクルマという言葉は、トヨタ社員の〝あるべき姿〟の変化を映している。

かつて、トヨタの社員は金太郎飴《あめ》でよかった。張は「金太郎飴でどこが悪い」と開き直ったが、イケイケドンドンの1990年代までは、それが許された。今は違う。

章男のいいクルマ発言から10年以上経った今日、「いいクルマってどんなクルマ？」と尋ねても、明確な解は得られないだろう。顧客にとってのいいクルマ、地域にとってのいいクルマ、販売店にとってのいいクルマ……。一人ひとりのトヨタ社員が、いいクルマとは何か、自ら考えることを求められる時代に入っているのだ。

「もっといいクルマをつくろうよ」というメッセージは、終わりのない挑戦を意味する。その挑戦は、いまだ道半ばだ。

ただし、章男が就任時に打ち出した「現場にいちばん近い社長」も、「もっといいクルマをつくろうよ」も、サラリーマン社長からは出てこない言葉であるのは確かだ。サラリーマン社長は、前任者の施策の踏襲と改善にとどまりがちだ。

この2つのシンプルなメッセージは、現在に至るまで章男の経営を支える2本柱だ。しかし、この時点では、彼がこのメッセージにどれほどの思いを込めたのか、知る人は誰もいなかった。

豊田家はずしの不穏な動き

ここで少し、時計の針を戻してみたい。章男の社長就任の世襲劇をめぐっては、紆余曲折の序幕があった。世襲をめぐり、10年ほど前から社内対立がくすぶり続けていたのだ。

章男の社長就任阻止を意味する〝豊田家はずし〟の動きは2度あった。

第1幕の豊田家はずしは、トヨタの世襲問題が高い関心を集めた、1999年のことである。前年末ごろから、トヨタにおける持ち株会社化構想が、さまざまな場面で報道されるようになった。当時社長の奥田碩は、詳細については語らなかったが、公然とその構想を口にした。

「在任約4年で退く奥田氏だが、来年にも設立される持ち株会社の社長に就任、今後も改革の旗を振る可能性が高い」（1999年4月14日付、日経産業新聞）

そのイメージは次のとおりだ。まず、純粋持ち株会社、すなわちホールディングカンパニーを設け、その傘下にトヨタのほか、デンソー、アイシン精機、豊田自動織機製作所（現豊田自動織機）、日野自動車工業（現日野自動車）、ダイハツ工業などグループの事業会社がぶら下がる構図だ。

純粋持ち株会社の会長に豊田章一郎が就く。純粋持ち株会社は事業に直接タッチしない。つまり、資本と経営の分離だ。これは結果として豊田家はずしにつながる。豊田家を純粋持ち株会社の会長に祭り上げ、ビジネスの世界から切り離そうというわけだ。

トヨタはいよいよ、持ち株会社化に向けて本気で動き出したかと、マスメディアは受け取った。「豊田家に頼らぬ経営に」「奥田体制『資本の論理』徹底へ」（1999年4月14日付、日経産業新聞）、「〝豊田家企業体〟に決別」（同日付、読売新聞）などの見出しの下に、メディアは次々と報じた――。

各紙は、あたかも、奥田体制下のトヨタが豊田家を敬遠し、世襲を否定したかのように報道した。つまり、豊田家はずしと受け取った。

それを補強するかのように、バブル崩壊後の日本型経営の行き詰まりから、1990年代後半以降、株価や株主利益、企業価値を重視する米国型経営システムの導入が進んだ。仮にもトヨタが、その方向で経営体制を画期的に変化させるのであれば、各紙がトヨタの「持ち株会社化」「資本と経営の分離」を豊田家はずしと受け取るのは当然だった。

ただ、持ち株会社化構想は、デンソーやアイシン、さらにグループ各社の株主やOBらにすれば、面白い話ではない。デンソーやアイシンは、すでにトヨタ以外の全自動車メーカーと取引を行っていた。彼らが今さら、トヨタに経営統合されるのを歓迎するはずもなかった。その話は、おのずと立ち消えになった。

委員会等設置会社の圧力

第2幕は、委員会等設置会社への移行検討である。

急激なグローバル化の影響から、株主の多様化が進み、企業統治の強化が求められた。その一環として、商法改正の論議では、経営の透明性を高めるため、委員会等設置会社への移行の検討が始まった。

トヨタと松下電器産業は、委員会等設置会社をめぐって合同研究会を持った。トヨタ社内でも、経営体制の抜本的改革を図るべく、検討が始まった。「取締役制度に関する審議会」がそれである。

以下は、その時、同審議会をリードしたある元役員が匿名を条件に語った、いわば当時の内幕である――。

２００２年ごろ、同審議会を設置し、章一郎や奥田らに答申する方向で検討をスタートした。

「実は、この審議会は、もともと商法改正とは関係なく始めたんですね」

と、元役員は明かした。狙いは、経営のグローバル化対応と経営の迅速化だった。つまり、純粋にトヨタ内部のマネジメント事情が始まりだったと解説した。

トヨタは、急激に業容を拡大していた。生産台数は１９９５年４４２万台、２０００年５１８万台、２００３年６０７万台と急激に伸びた。海外拠点数も、１９９５年34拠点、２０００年41拠点、２００３年46拠点と拡大した。猛烈な勢いのグローバル展開だ。

これに対して、取締役の数は、１９９０年50人、１９９５年54人、２０００年56人とほとんど変わっていなかった。監督するには多すぎ、グローバルオペレーションの執行を担うにしては少なすぎた。権限や役割はあいまいになり、グローバル化に経営体制が追いつけないという危機感が募った。これが、経営体制改革の原点だ。

「このままでは、競争力を維持できない。マネジメントのあり方そのものを変えないといけない、となったんです」

と、元役員は語った。

そんなわけで、委員会等設置会社への移行が検討された。もし採用されれば、社外取締役が過半を占める指名委員会や報酬委員会が設置される。そうなれば、マネジメントからの豊田家はずしの圧力が強まるのは必至だ。世襲は危機を迎えるが、その動きは事実上広がらなかった。

実は、検討に当たって経営陣は、米国型の経営体制には「絶対に反対」だった。当時、クルマのことを知らないシロウトの社外取締役に何か言われたくないという空気が強かった。その点、トヨタにはトヨタのやり方がある。米国の言いなりにはならないというのが奥田のスタンスだった。

実際、米国型の資本の論理がすべてではない。日本型経営にもよいところはあり、捨てるべきものと、守るべきものとがある。トヨタは、従前の日本型経営ではなく、安易な米国型経営でもない、トヨタ流の経営を模索した。

「おまえたち、欧米のまねをするんじゃないぞ。トヨタ独自のものを考えろ」と、奥田は厳命した。

「グローバルスタンダードに沿うための経営転換は必要だが、資本の論理を軸としたアメリカンスタンダードは正しくないからな。執行役員なんていう言葉は絶対に使うな」と、念を押した。

「これには、ずいぶん苦労しました。執行役員に代わるピンとくる言葉がなかったですから」

と、元役員は言った。

さらに、奥田は、前述したように、「外から来た人間にトヨタ社内のことがわかるはずがない」と、社外取締役の導入にも否定的だった。

結果的に、2003年、形式上は執行役員制度に近く、執行役員の代わりに常務役員を新設した新経営体制が築かれた。

「米国型の論理が通じると取られないように、リリースにも『執行』の文字はいっさい使われなかった」

と、元役員は語った。

取締役の数は、それまでの58人から、2003年に27人へと半減した。従来、トヨタの取締役会は、机が2重に並べられていたが、1重で済むようになり、「顔が見えやすくなったな」

と、当時の取締役が語ったほどだ。

世襲問題からは逃げられない

ただし、奥田は、章男の世襲については終始否定的だった。そこには、トヨタを拡大路線に乗せ、販売台数1000万台に迫る世界トップクラスの自動車メーカーの土台を築き上げた自負心があった。強気だった。

旧松下電器産業で創業者の松下幸之助の孫である松下正幸が社長に就任しなかった例を引き合いに出し、世襲を疑問視した。また、「豊田家だからといって、社長になるとは限らない」と公言。さらに、奥田は、章男について「彼くらいの人間は社内にはたくさんいる」などと繰り返した。

それが章男の就任時、御曹司バッシングを招くことにつながったのは否めない。

ほかにも、豊田家と奥田との間には確執があったと想像される。奥田が政治に近づきすぎた結果にほかならない。

豊田家が、つねに政治と距離を置くのは、家訓といっていいだろう。トヨタの大番頭の石田退三は、「自分の城は自分で守る」をモットーとした。奥田は、小泉政権時代、あまりに政権に近づきすぎたという見方ができる。一部に、外相にという声まであった。2005年のいわゆる郵政選挙の際、鉢巻きをして選挙カーの上から応援演説をする奥田の姿に、社内外が違和感を抱いたのは確かだろう。ともあれ、トヨタが大きくかつ強くなり、社会に与える影響が大きくなるほど、当然、世襲批判は強くなる。覚悟しなければならない。しかし、世襲そのものを否定する必要はない。自動車メーカーに限らず、財閥をはじめ、世襲の例は世界中にある。

トヨタは、世襲問題から逃げることはできないし、逃げる必要もない。つねに向き合い続け、自問自答を繰り返しながら、最適なガバナンスのあり方を模索し続けるしか、生きる道はないだろう。

創業家出身の社長の間に、サラリーマン社長を挟む方法は、ガバナンスのバランスを取るための有効な手段の一つだ。1995年、トヨタ社長の座が、1967年以来28年間にわたって続いた豊田家を離れ、奥田に渡った時、社内では「天井が抜けた」といわれた。サラリーマンにとって、社長になれる可能性があるということには、それだけで大きな意味がある。

豊田家を「旗」とした求心力

2019年3月、章男は、米ワシントンで行われたエコノミッククラブでの講演会の席上、質問に答えてこんな話を披露した。

「私の父（章一郎）が、姓を『とよた』という読みに変えようか、と言ったことがありますが、私を含め、家族全員ノーと言いました。なぜなら『トヨタ』は会社名、『とよだ』は家族の名前だからです。トヨタは家業ではなく、いわばみんなの会社だからです」

もちろん、株式を公開している以上、トヨタは豊田家のものではなく、章男の言うところの「みんなの会社」だ。しかし、一方で、トヨタはやはり、豊田家と切り離して考えられないのも事実である。

章一郎と章男の所有するトヨタ株式は、およそ1%に過ぎないといわれる。それでもなお、トヨタにとって、豊田家は数字や理屈を超えた統合の論理である。経営理念、企業のアイデンティティー、ルーツを色濃く引き継いでいるのがトヨタだ。

つまり、資本の論理でもって豊田家はずしを試みたところで、トヨタの経営が強くなるわけではない。創業家こそ、求心力なのだ。奥田は、それを「旗」と表現した。

章男は、社長昇格を発表する会見の席上、次のように発言している。

「名誉会長（注：章一郎）などの方々は旗だと思いますが、私自身は決して旗とは思っておりません。私も20年後、30年後にそう言ってもらえるように精進し、研鑽を進めてまいりたいと思います」

しかし、旗であると同時に、本質的にいえば、やはり、その人が社長にふさわしい実力を備えているかどうかが問われる。

その点、「彼くらいの人間は社内にはたくさんいる」と公言してきた奥田は後年、章男がトヨタの直面する逆境を乗り越え、経営を立て直したことに対して、「豊田章男はよくやっている」と評価した。

第6章　試練――リコール事件に鍛えられる

大規模リコールの発生

それは、おそらく、彼が直面した人生最大の試練といっていい。

豊田章男は、トヨタ自動車社長に就任して間もなく、リーダーの器量を問われる重大な事件に遭遇した。２００９年から翌年にかけて発生した、米国に端を発した大規模リコール問題である。

米カリフォルニア州で、トヨタの高級車レクサス「ＥＳ３５０」が暴走して壁に激突し、乗っていた家族４人が死亡する事故が発生した。フロアマットがアクセルペダルに引っかかり、ペダルが戻らなくなったことが原因だった。章男の社長就任から約2カ月後、２００９年8月28日の出来事だ。

この後、トヨタ車の意図せぬ急加速や、アクセルペダルが戻りにくい、あるいは、ブレーキが利きにくいといった問題が次々と発生した。

トヨタは、同年11月以降翌年2月末までに、米国をはじめ世界で、延べ1000万台規模のリコール、自主改修を行った。米運輸省は、トヨタ車をめぐる一連の事故や苦情について、トヨタ車の車載電子システムの欠陥、さらには意図的な欠陥隠しを疑った。

「グローバルビジネスを展開していると、世界のどこで、いつ、何が起こるかわからない。まるで、刑務所の塀の上を歩いているようなもので、どちらに落ちるかわからない」

これは、トヨタがグローバル企業へと飛躍した1990年代後半に、元役員から聞いた話である。

近年、企業の不祥事が国内外で続発している。そのたびに、企業トップが公の席で、頭を深々と下げる光景が繰り返される。「謝罪の時代」だ。

当然、謝罪の上手なトップもいれば、下手なトップもいる。大規模リコール問題での章男は、どうだったか。彼の人間力が試された。

逃げていると見なされた

通常、社会に損失を与えた場合はもとより、迷惑をかけたり、騒ぎを起こしたりすれば、故意ではなくともとりあえず謝罪するのが、謝罪の時代のセオリーである。トヨタは、そのセオリーから外れた。

トヨタは、米国でのリコール問題をめぐって、国内が騒がしくなったのを受けて、2010年2月2日、ようやく記者会見を行った。初動の決定的な遅れは否めない。迅速さとタイミングを欠いた。

後手に回ったうえに、対応のまずさが重なった。品質保証担当の役員が、「プリウス」のブレーキが利きにくくなることについて「フィーリングの問題」と発言し、物議を醸した。ドライバーに責任があるとも取れる弁明だというので、「顧客視点が欠如している」と反発を買った。

舞台裏を明かせば、その役員は、まともな事前の打ち合わせもなく、記者会見に引っ張り出された。名古屋から東京に向かう新幹線の中で発表内容を検討する慌ただしさで、ついフィーリングと発言したのが真相だった。

トップの顔が見えなかったことが、さらに問題をこじらせた。トヨタは、2日に続いて4日に2度目の会見を開いたが、いずれの会見にも、章男は出席しなかった。公式の場に章男が現れないことは、日本のみならず米国でも批判を呼んだ。

章男は「最も詳しい品質担当者に説明させた」と弁明したが、メディアや消費者は、彼が出てこないことを「事態を軽視している」と批判した。トップの公式謝罪は、一言一句が注目され、公式記録に残る。気が重くつらい仕事だ。章男にはそんな気持ちはなかったが、逃げていると見なされた。

報道はますます過熱し、批判は高まった。

間が悪いことに、社長に就任して8カ月ほどしか経っていなかった章男は、社内を完全に掌握していなかった。

事の次第に、章男の危機感と焦燥感は頂点に達した。ついに業を煮やして、立ち上がった。トヨタ社内には、3度目の会見は週明けまで待とうという声があった。しかし、謝罪のタイミングを逸すると、さらに非難の声が高まる。土日の販売への影響があることに加え、週末に家族でクルマに乗るユーザーは多い。彼らの不安を解消しなければならない。

章男は、翌5日、記者会見開催を決断した。自ら出席して、全責任を背負って立つ覚悟をしたのだ。彼の転換点である。経営者としての完全自律だ。

章男は以後、この問題に関して、自らの意思ですべてを取り仕切った。

会見の日時や、自らが会見で話す内容など、一切合財を己の責任で決めていった。誰も頼ることができないなかで、孤独に決断し、実行した。広報部のお膳立てを求めず、すべてセルフプロデュースである。章男は、社長の仕事は「決めることと責任を取ること」と語っているが、まさにそれを実行していった。

前日に続く5日金曜日、夜9時から名古屋で開催した緊急記者会見の会場は、国内外の記者で埋め尽くされた。米国にも中継された。

章男がようやく説明をするというので、待ち構える記者たちは色めき立ち、あるいは殺気立って、会見が始まる前から、会場は異様な緊張感に包まれていた。

章男は、品質保証担当副社長の佐々木眞一とともに席に着くと、司会者による紹介の後、立ち上がって説明を開始した。次々とフラッシュがたかれ、章男の蒼白な顔を照らした。疲れていた。

「このたびは、複数の地域、複数のモデルでリコールが発生し、多くのお客様に大変なご迷惑とご心配をおかけしましたこと、心からお詫び申し上げます。本日は、多くのお客様が、〝私のクルマは大丈夫か〟と不安に思われているのではないかと思い、私から説明させていただく場を、改めて設定させていただきました」

と、章男は口火を切った。

質疑応答では、記者の手が次々と挙がった。開始40分ほどで会見を打ち切ろうとした司会者を遮り、記者たちは質問を続けた。大規模リコール問題に関する章男の初の会見は、メディアとの険悪な雰囲気を残して終わった。

会社は公聴会出席に反対

最大のポイントは、章男の米公聴会への出席問題だった。

同9日、17日と、トヨタは章男の出席する記者会見を、立て続けに開いた。1カ月に5回も記者会見を開くのは、いかにも異常である。社内は明らかに混乱していた。かくも、慌てふためくのかと思われた。メディアには、会見開始の2時間から3時間前に突如連絡がくるありさまだった。ひどいときには、数時間後に名古屋で記者会見を開くとの通知がきて、東京の記者は間に合わないこともあった。最大級の危機である。

会見のたびに、章男への追及は厳しさを増した。正義の追及にも見えたが、吊るし上げのようにも見えた。彼は、「お粗末!」と面罵され、青ざめた表情で、「そのお言葉を真摯に受け止めたい」と言葉を絞り出した。

記者の最大の関心事は、米下院の公聴会に、章男が出席するかどうかだった。記者会見の時点で、章男に対する直接の招致はなかった。「招致があったら出席するか」という、米国人記者を含む複数の記者からの再三の質問に、章男は、苦し紛れに、こう答えた。

「現地の責任者の稲葉良晛《よしみ》が適任だから招致されているのだと考えている」

トップの公聴会出席は、得策な場合もあれば、自らのクビを絞めることになる場合もある。

本人にとっても組織にとっても、大きな賭けである。対処を誤れば経営者としての評価を下げ、退陣に追い込まれるばかりか、会社の存亡にもかかわる。

トヨタは揺れ動いた。米国は、トヨタの反応の鈍さを、「トヨタのトップは無関心だ」と受け取った。

「招致されたら、その段階で考える」

章男は言葉を濁し続け、渡米の意思を明確に示さなかった。いや、示したくとも、示せなかったのだ。

実は、章男は、早い段階から公聴会への出席を覚悟していた。ところが、会社は反対した。新米社長の出席は、あまりにも無謀で、危険だというのだ。

章男は、後日、次のように述べている。

「私は、米国へ出かけていったほうがいいんじゃないかと思っていたが、会社としての判断は、トップが出るべきではないとなった」

当時の彼には、それを振り切る強さがまだ備わっていなかった。孤立無援だった。文字どおり試練だった。

公聴会が開催される予定だった2月10日、ワシントンでは記録的な大雪が降り、公聴会は2週間延期された。その間に、社長を招致すべきだという声はますます高まった。米下院は18日、正式に章男を招致した。もし雪による延期がなく、章男が招致されないまま、現地トップの稲葉だけが公聴会の証言に立っていれば、事態はさらに悪化していたに違いない。

章男は、翌19日に公聴会への出席を表明した。ここまできた以上、もはや自分が出かけていって責任を取るしかないと腹を決めた。

しかし、対応の遅れ、認識の甘さを指摘されるのは当然だ。章男にとって、2月は魔の1カ月になった。

GMを抜いて世界一になるリスク

トヨタの認識の甘さは、どこからきたのか。

トヨタは1988年以降、米国に工場を構え、雇用を生み、米国人の手によってクルマをつくってきたという自負があった。「米国に尽くしてきた結果、米国に受け入れられた」と思い込んでいたフシがある。

トヨタの販売台数は2003年、フォード・モーターを抜いて世界2位に浮上した。2007年の販売台数は936万6000台でトップのGMとの差は約3000台にまで迫った。リーマン・ショックが襲ったのは、翌年9月だ。米ビッグスリーの受けた打撃は、トヨタの比ではなかった。GMは同年、47年間維持した世界最大手の座を、ついにトヨタに譲り渡した。

2009年4月になるとクライスラー、さらに同6月にはGMが連邦破産法11条、通称チャプター11適用を申請して経営破綻した。

デトロイトの凋落は、米国人のプライドを傷つけた。少なくない数の米国人が、日本車に対して面白からぬ感情を持っていたのは間違いない。ましてや、リーマン・ショック後の痛手から、トヨタだけが早期に回復しつつあるとなれば、知らず知らずのうちに、米国の国民感情は敵に回っていた。

GM破綻直後、符合するかのように、トヨタの大規模リコール問題が発生した。

もともとトヨタ社内では、「GMを抜いてはいけない」といわれてきた。1989年、ソニーが米ハリウッドのコロンビア・ピクチャーズを、三菱地所がロックフェラーセンターを買収すると、米国では「ジャパンマネーが米国の魂を買った」と、日本バッシングが巻き起こった。日米貿易摩擦問題の対処に当たり、かつて奥田碩は、「虎の尾を踏むな」という言葉で、トヨタが世界一になることのリスクを指摘していた。

トヨタは、GMが経営破綻した以上、当然、トヨタ叩きを警戒すべきだった。案の定、レクサスの死亡事故、さらに、意図せぬ急加速や車載電子システムの欠陥の疑いについて、米国メディアは一斉に大きく報じ、トヨタの対応を、徹底的に批判した。

トヨタは、図らずも虎の尾を踏み、トヨタ叩きに遭ったという見方ができるわけだ。

以下は、〝トヨタ被害者説〟の後日談である――。

トヨタ車をめぐる一連の報道でピューリッツァー賞を狙っていたとされるロサンゼルス・タ

イムズの記者は、始終センセーショナルな記事を書き続けた。当時、インターネットメディアが台頭しつつあり、アクセス数を稼ぐために、過激なタイトルや内容の記事が増える傾向があったことも指摘されている。

運輸長官（当時）のレイ・ラフードは、「トヨタ車を持っている人は運転をやめるべきだ」とまで発言して、不安を一気にあおった。この発言は、後に撤回された。ラフードは、翌2011年2月には、「娘にトヨタ車は安全だと薦め、実際に買った」と話した。

また、章男が出席する公聴会の前日には、ABCニュースが、南イリノイ大学の教授によるトヨタ車の欠陥を指摘する実験を放映したが、これは後に、捏造だったことがわかる。同教授はトヨタを訴える弁護士から金を受け取っていたとされる。

こうした報道の背景に、米国の反トヨタ感情があったのは間違いない。トヨタは、明らかに標的にされたのだ。トヨタ被害者説は、いまや国際的にも定説になっている。

不祥事を招いた急拡大

むろん、そんなことをトヨタは口が裂けても言わない。仮にそうだとしても、グローバル展開しているのだから、それを乗り越えなければいけない。海外でビジネスをする以上、現地に溶け込むしかない。

渡米する章男に対して、父の章一郎は、「トヨタは米国に育てられたのだ。米国に文句を言ってはいかん」と伝えたのは的を射ていた。トヨタには明らかに落ち度があった。

というのは、トヨタはアクセルペダルが戻りにくい不具合について、安全面での問題はないとして、顧客満足の問題と処理した。リスクマネジメントが構築されていなかった。米国の現地法人には、何の権限も与えられず、リコールも日本の技術部の判断を待たなければ実施できなかった。米国の現場の危機感が、日本に正確に伝わる仕組みはなかった。

いや、それ以前に、トヨタはあまりにも急速に拡大していた。品質管理や人材育成のスピードを欠くなど、至る所に歪みが生じ、いつ不祥事が起きても不思議ではなかった。崖っぷちにあったのは疑いない。

公聴会への出席は、章男にとって、社長の役割を自覚すると同時に、トヨタの原点を見つめる出来事になった。人生最大の試練以外の何物でもなかった。

数々の事故について会社の代表としてどう説明し、陳謝するのか。当事者として責任をどう果たすのか。トヨタの命運のすべては、彼1人の肩に掛かっていた。章男は孤独のさなかで、塗炭の苦しみを味わうことになる。

俺を辞めさせるためのゲームだ

社長就任から10年間の約3650日の間で、〝忘れられない日〟、すなわち社長としての章男の原点を形成した試練の1日こそが、2010年2月24日である――。

大規模リコール問題について米下院公聴会で証言するため、章男は同20日、社有のビジネスジェット機で渡米した。品質をめぐる米国からの批判の嵐を一身に受け止め、猛烈な孤独にさいなまれるなかでの悲壮な覚悟の旅立ちだった。

米運輸省道路交通安全局は、トヨタ車の急加速による死者は2000年以降34人と発表しており、彼は逮捕されるかもしれないという情報まで、米国から届いていた。

「日本に無事に帰れないかもしれない。クビを差し出さなければいけないだろう……。そう、もはや社長にとどまることはないだろう」

と、彼は腹を決めた。

来るところまで来たのだから、もはや取り繕いは無用だ。悪あがきせず、自分の言葉で、誠心誠意を尽くして答える。それがダメならば、責任を取って辞任する。

とはいえ、突然、異国の地で、孤立無援で負け戦に臨まねばならない立場となり、心が折れそうだった。

「これは、俺を辞めさせるためのゲームだ」「社長になって、1年もたなかったな」……そんな感慨がよぎった。「やっぱり3代目はダメだ」「ボンボン社長が、いい気味だ」と、陰口を叩かれるのが目に見えるようだった。

最初から、招致されれば出席すると言っておけば、ここまで追い込まれることはなかった。リコール問題への批判が広がったのは、ひとえにトヨタの対応が後手に回ったからだ。トップの説明がなかったことが米国の不信を招いたのは否めない。身から出たさびだった。

責任を果たすことへの喜び

渡米後の章男は、マスメディアを避けて、ひっそりと知人の別荘にこもった。北米トヨタ社長の稲葉、米国トヨタ自動車販売社長のジェームス・レンツ、さらに弁護士らとともに、公聴会に向けた事前準備に入った。

雪に覆われたワシントン郊外で、彼らは、1つの部屋に集まり、朝から晩まで資料の読み込みを続けた。弁護士からの細かいアドバイスに加え、デスクの上には、想定問答集や、関連するさまざまな資料がうずたかく積み上げられていた。できる限りの情報を詰め込もうと必死だった。

普段は陽気な稲葉でさえ、極度の緊張状態で青ざめ、深刻な表情をしていた。

「究極の局面では、食べたものしか出てこない。普段食べていないものを、今さら、無理やり詰め込んだってダメだ。むしろ、平常心でいられることのほうが大事だよ」

と、章男は平静を装った。

誰もが、トップである章男の顔色をうかがう。章男自身、腫れ物に触るような周囲の気遣いを感じていた。極限状態のなかで、指揮官であり、最終責任者である自分が不安な様子を見せ、弱気になれば、部下をはじめ全員が落ち込み、雰囲気が暗くなる。

彼は、動揺をさらけ出すまいと、心に誓った。むしろ、当日まで全員が正気でいられるように、気を配った。

「1日1回は、大きな声を出して笑おうよ」

と、声をかけた。

章男は、窮地に陥るほど、陽気に振る舞う。冗談を言って周囲を笑わせるなど、やたら明るくなる。周囲が落ち込んでいると、何とかしなければならないという意識が働くのだろうか。その原点には、「笑顔のないところでは、いい仕事はできない」という彼流の哲学があった。

章男は、連日、慌ただしく準備を進めるメンバーを後に残して、昼ごろになると自室に戻った。稲葉は、その様子に驚いた。自分にはとてもまねできない。「社長は腹の据わり方が違う」と思った。

章男は、覚悟を決めると、公聴会での証言は名誉で幸せなことではないか、という気持ちが芽生えてきた。トヨタの全責任を背負うしんがりなど、誰にでもできる役どころではない。むしろ誇らしいことではないか。発想の転換？　違う。生死の境目に立たされた男のギリギリの局面での開き直りだった。

彼は、生まれた時から社長になる宿命を負って育った。社長になった今、トヨタの行く末を案じる立場にある。

もはや、社長の座へのこだわりはなかった。それより、トヨタの存続が第一だ。必要なのは、釈明ではない。認めるべき非は認め、謝罪し、誠意を示す。愚直なまでに誠実なトヨタの企業文化を自らの言動で体現し、証明したいと考えるうちに、胸の奥から生命力というか、戦うための熱量が自然と湧き上がってきた。

章男は不思議にも、自分が初めてトヨタの社長としての責任を果たせることに喜びを感じていた。

誰よりもクルマを愛し、トヨタを愛す

運命の2月24日、章男は、自らの公聴会の出番を、隣の部屋で待っていた。モニターに議会の中継が映し出されるなかで、次から次へと議員が部屋へやってきた。

「よく来てくれた」「公聴会ほどよい宣伝の場はないよ」「英語がわからないふりをして、自

分の思いをすべて語りなさい」――などと、議員たちはサジェスチョンしてくれた。公聴会は政治ショーだといわれるが、そのとおりだった。

証言台に立つと、章男の目の前の100台近いカメラが、一斉にフラッシュをたいた。

章男には、もはや、完全に信頼できる人がどこにもいなかった。孤独だった。

自らの言動に全責任を負わなければならない以上、他人任せにはできない。土壇場にきた以上、振り付けなしの〝素〟の章男として勝負するしかない。証言文は、スピーチライターに頼らず、すべて自ら執筆した。自分の誠心誠意を伝えるためである。逃げる思いは一切なかった。スタッフが用意した想定問答集さえも、いっさい使わなかった。弁護士からの助言も、受け入れなかった。自らが見聞きし、感じたことを、自らの言葉で伝えることが重要だ。持っていたのは、自分の頭で考え抜き、ひねり出した言葉を書き留めたメモだけだった。

章男は、緊張感をたたえながら英語で証言文を読み上げた。次のように切り出した。

「私は、誰よりもクルマを愛し、誰よりもトヨタを愛しています」

ゆっくり、1語1語を刻みつけるような、はっきりとした口調で語った。

「この数カ月間、顧客がトヨタ車の安全性に不安を持ち始めていることに対し、大いなる責任を感じています」

彼は、素直に陳謝したうえで、自らの責任を認めた。

「トヨタの伝統と誇りにかけ、絶対に問題から逃げたり、気づかないふりをしたりはしない。

改善を繰り返すことによって、さらに優れた商品を世に送り出す。それが創業以来、われわれが大切にしている基本的価値観です」

と、過ちを繰り返さないことを誓った。

そして、「今回のリコール問題の原因を振り返ってみたい」として、次のように反省点を述べた。

「トヨタは過去数年間、急激にその業容を拡大してきたが、正直、ややその成長スピードが速すぎたと感じている」

すなわち、「成長スピードが速すぎた」という「過去の精算」をはっきりと証言した。

「1．安全、2．品質、3．量という優先順位が崩れ、以前行っていたほどには、立ち止まって考え、改善を図ることができなくなっていた。よりよい商品をつくるために顧客の声を聴く姿勢がどこかでおろそかになっていた。人や組織が成長するスピードを超えて成長を追い求めてきたことは、真摯に反省すべきです」

この後、彼は、きっぱりとこう表明した。

「すべてのトヨタ車には私の名前が入っている。私にとってクルマが傷つくことは、私自身の体が傷つくことに等しい。私自身の責任において、トヨタは顧客の信頼回復のため、全力を挙げて絶え間ない改善に取り組みます」

フォード・モーター創業者の曾孫で現会長のビル・フォードが、2000年に欠陥隠しを追及されたときの発言によく似た言葉である。

ブリヂストン・ファイアストン製のタイヤを装着したフォードのSUV「エクスプローラー」が横転による死亡事故をたびたび起こしている、とテレビで報道されたのをきっかけに、リコール問題が発生した。

フォードとブリヂストンの経営幹部は、米議会の公聴会に呼ばれ、証言を求められた。当時のフォードのトップは、「これはタイヤの問題であって、クルマの問題ではない」として、謝罪を拒否したが、最終的に両社は謝罪を余儀なくされた。その際、創業家のビル・フォードは、「すべてのフォード車には私の名前が入っている」と語り、誠意をもって対応することを印象づけた。章男はそれに倣ったのかもしれない。

質疑応答は、通訳を介して行われた。

「顧客の安全より利益を優先したのではないか」「電子システムに問題があるのではないか」「欠陥を隠していたのではないか」と、厳しい追及が続いた。

章男は、犠牲者への哀悼の意を示し、リコールに関して対応の遅れを反省して、繰り返し謝罪の言葉を口にした。トヨタの非は認める一方で、部品メーカー、従業員、販売店、消費者など、誰のことも責めなかった。すべての責任を、自らかぶった。

公聴会のスタートは、日本時間の午前4時ごろだった。未明にもかかわらず、東京と豊田市の本社には、続々と幹部が集まり、中継を見守った。章一郎も、豊田市の本社に姿を見せた。

ネクタイを締めた正装で、息子の答弁に耳を傾けた。

後に、章一郎は章男に「トヨタの過去、現在、未来を代表して、おまえが謝っているように見えた」と語った。国内の多くのトヨタ関係者も、章男が、トヨタの失敗を代表して謝ったと受け取った。

公聴会は、約3時間20分で終了した。

励ましの声に初めての涙

公聴会後、大役を果たした章男はその足で、心配してワシントンに集まっていた現地の販売店やサプライヤー関係者らの会に出席した。

章男は、彼らからの怒声を覚悟していた。しかし、彼を迎えたのは、温かい拍手だった。演台に立った章男は、「I was not alone（私は独りではなかった）」で始まる謝辞を述べながら声を詰まらせ、涙を見せた。

会では、関係者から「あなたを100％応援している」「トヨタのディーラーであることを誇りに思う」など、次々と励ましの声があがった。リコール問題とその対応をめぐり、批判を一身に浴び続けてきた章男には、現地の関係者からの温かい言葉は、思いがけない救いだった。緊張の糸が切れたのだろう。

このときの涙は、日本でもメディアに大きく取り上げられた。トップが泣くとは何事かという厳しい声が出た。大企業のトップは、どんなときも毅然と振る舞うべきという見方が大勢だった。章男は後に、「自分が社員を守ると思っていた。でも、実際には、守られていたのは私のほうでした。あの涙はうれし涙だった」と、述懐した。

彼が、素顔、本心を社内外にさらした初めての涙だったかもしれない。

この日の章男には、まだ仕事が残っていた。

「生放送の番組に出たいから、どこかいいところを探して。明日出るから」と、公聴会前日の23日、章男からスタッフに電話が入った。まさしくセルフプロデュースである。

その日、北米販売担当のレンツが、公聴会で証言した。中継で答弁を聴いていた章男は手応えを感じたが、いざ、新聞やテレビの報道を見ると、部分的に切り取られて編集され、ネガティブな要素を強調した内容になっていた。彼は、明日、自分が証言しても、同じことになるのではないかと危機感を持った。意図的に編集されることなく、自らの声を、ダイレクトにユーザーに届ける手段を考え、生放送の番組への出演を決意したのだ。

「いまだに信じられない。普通、あの状況下で、あんな番組には出ませんよ。何を聞かれるかわからないのに……」と、ある幹部は振り返った。

彼は、2つのテレビ番組に出演した。その1つがCNNテレビの人気トーク番組、「ラリー・キング・ライブ」である。司会のラリー・キングは、1933年生まれの超大物キャスターで、ズバリと斬り込むインタビューが持ち味だ。

章男は、公聴会が終わった後、午後9時からラリー・キング・ライブに出演した。彼のいるワシントンと、キングのいるロサンゼルスは生中継で結ばれ、画面にはキングと章男の顔が並んだ。章男は、キングのテンポのよい質問に、同時通訳を介して日本語で、公聴会での発言に沿う形で答えていった。

「シャイだといわれているけれど、この番組への出演は大丈夫?」

「あなたの番組に出られて光栄です。これまでクルマが第一だと思い、自分が前面に出ることはしてこなかったが、もっと前へ出ていくように考えを変えようと思います」

最後に、乗っているクルマを尋ねられた章男は、「年間200台のクルマに乗っています。クルマが大好きなんです」と答えた。最後の言葉は、「I love cars」と訳された。

その言葉を聞いたキングは、一瞬「ふふッ」と笑った。そして、「すべてが好転するように祈っています」とつけ加えた。

瞬間、章男は思った。

「伝わったかな……」

それまでの人生において、彼は、「クルマが大好き」といくら訴えても「豊田家の人なんだから当然だ」と思われるに違いないと、強く思ってきた。だからこそ、クルマが大好きという、真っすぐな思いを、表立って口にできずにいた。

しかし、キングの問いに対して、思わず本音が出た。キングがそれを受け止めてくれた……。そう感じたとき、章男は、心が解き放たれたような気分を味わった。幸福な瞬間だった。視聴者にも、自分の思いが伝わったに違いないと思った。

「『トヨタ　変革できるのは私だけ』／豊田社長踏ん張る／米議会の追及峠越す?」

2月26日の読売新聞は、そのような見出しを付けて報じた。

トヨタ再出発の日

公聴会の翌25日、章男がひっそりと西海岸へ飛んだことは、ほとんど知られていない。

彼は、大規模リコールの引き金となった、カリフォルニア州サンディエゴ近郊のレクサス暴走事故の現場に赴いた。遺族に伝えたのみで、メディアにはいっさい知らせない、静かな訪問だった。トヨタは、何事も現地現物だ。彼は、事故現場に直接出かけ、犠牲者を弔うと同時に、事故現場から何かを感じ取ろうとしたに違いない。

帰国した章男は、名古屋駅の新幹線のホームで弁当を購入した際、売店の見知らぬ中年の女性店員に話しかけられた。名古屋では、章男は有名人だ。テレビで泣き顔を見た店員は、思わず声をかけたのだろう。

「あんた、しっかりしなきゃダメよ。私たちがついてるじゃないの!」

思いがけない激励に、章男は、ジーンと胸が熱くなった。

公聴会から1年後の2011年2月、章男は、前に触れたように、豊田市郊外の鞍ヶ池のほとりにある旧豊田喜一郎邸の庭に、1本の桜の若木を植えた。危機の記憶を風化させないという誓いである。

公聴会が開かれた2月24日は、「トヨタ再出発の日」と定め、毎年、各職場でミーティングを開く。

公聴会での経験は、章男が長年にわたって苦悩し続けた問題の1つに、答えを与えた。自分が豊田家の御曹司として生まれた意味、トヨタにおける豊田家の役割、世襲のあり方について、章男はようやく吹っ切れ、納得し、覚悟が決まった。公聴会後、一皮も二皮もむけた章男は、滝行に行くことはなくなった。逆境、修羅場がリーダーを育てるという構図そのものだ。

東日本大震災で発した緊急通達

それからわずか、1年1カ月。

章男は、トヨタの全責任を担って立ち向かわなければならない試練に再び直面する。

2011年3月11日に発生した、東日本大震災がそれである。直後にテレビに流れた想像を絶する大津波の映像を前にして、日本中が震撼した。章男は、直ちに緊急通達を出した。

「現場が自分の目で見て、いちばんいいと思うことをやってほしい。必要だと思ったら、その場で決めていい。即断、即決、即実行で復旧に取り組んでもらいたい。責任はすべて私が取る」

一見、この通達は、トップであれば誰でも言えそうに思える。しかし、責任はすべて私が取るというセリフは、そうとは限らない。いや、仮に言ったとしても、その発言がどこまでリアリティを持って伝わるか。

その点、章男の場合は、公聴会での実績がある。彼は、自ら大規模リコール問題の責任を取って謝罪した。「責任はすべて私がとる」というのが、うそ偽りでないことは明らかだ。彼の言葉には重みがあった。一方で、トヨタの組織は、大きな課題を抱えたままだった。

トヨタはもともと、徹底した現場主義をとる。問題が起きれば、即座に現場が対応する。それが、トヨタの強みである。

しかし、２００８年のリーマン・ショックによる赤字転落や、２００９年から２０１０年にかけての大規模リコール問題を見ればわかるとおり、会社が大きくなるにつれ、業務執行が追いつかなくなっていた。

リーマン・ショックまで続いた、生産台数が年間約50万台増え続ける拡大路線の結果、トヨタの組織は肥大化し、硬直していた。現場重視から離れ、意思決定や執行のスピードは遅くなっていた。

経営陣は現場に足を運ぶ暇がなく、会議だけで物事を決定するケースが増えていた。決裁のステップも増加し、仕事のスピードが遅くなっていった。典型的な大企業病だ。

こうした現状を肌で感じていたからこそ、章男は「現場にいちばん近い社長でありたい」と思った。

現場は、現地現物に基づく情報を、いち早く正確に経営陣に伝え、経営陣は、迅速な経営判断を下す。さらに、その判断が正しかったかどうかをつねにチェックする体制をつくる。つまり、現場の強さが経営の強さに直結する組織の構築がトヨタの課題であり、章男が現場にいちばん近い社長になるための道だった。

ヒエラルキーの組織文化を崩す

東日本大震災は、まさにその課題に挑もうとする矢先に発生した。一気に生産活動がストップする非常事態を前にして、悠長なことは許されない。

実は、震災発生の2日前の3月9日、章男は、記者会見を開き、「トヨタグローバルビジョン」を発表した。公聴会から1年が経ち、大規模リコール問題を克服して、再出発しようとしたばかりだった。

グローバルビジョン発表と同時に、実現に向けた新たな役員体制を発表した。27人の取締役数を11人に削減して、役員の意思決定階層を副社長、本部長、組織担当役員の3階層から2階層へと変更し、現場に近いマネジメント担当の常務理事を新設した。業務を執行する各地域、機能ごとの本部長に、大幅に権限を委譲する方針を示した。断るまでもなく、経営のスピードアップが狙いだ。

懸案の公聴会を乗り切って、章男が経営のグリップを握り、経営者として独り立ちのスタートを切ろうとしていた矢先の大災害である。まさしく試練だ。章男は、「3・11」は、公聴会の日と並ぶ、もう1つの忘れられない日だと語っている。

トヨタが日本企業のトップであるからには、日本経済界のリーダーとして、復旧の先頭に立つことが求められる。

章男は、震災発生後、現場に権限を渡すため、次のように具体的指示を飛ばした。

「現場は、上に報告しなくていい。報告のためのリポートはつくらなくていい。人命第一、地域復興が第二、第三が生産の復旧。この順番だけ頭に入れて、部長および工場長が中心になって判断してほしい」

役員は、役員室で報告を待っていても仕方がない。むしろ、各部門の対策会議に自分から足を運び、状況を聞きに行くべきだとした。現に、名誉会長の章一郎に対しても、章男は直接話をした。

「下から報告が来るとは思わないでください。必要があれば、ご自分で大部屋へ降りて聞いてください」

トヨタの組織の意思決定方式は従来、まず役員に報告するための準備会議を開き、役員から了承を得て、それを専務、さらに副社長に上げ、最終的に社長に報告する、というものだった。トヨタに限らず、日本企業は多少の違いはあっても、ほぼ同じプロセスを踏む。

こうしたヒエラルキーに支えられた組織文化を崩さなければ、復旧活動を迅速に進めることはできない。いや、日常の業務でも、スピードアップのためには、従来の組織文化を1度、根底から覆す必要がある。震災による非常事態は、従業員の意識を強制的に変革し、旧来の常識を破るきっかけとなった。

対策会議では、入社間もない社員から役員までが大部屋に会した。誰であれ、対策会議の大部屋に足を運べば、情報を得られる態勢をつくった。それは、これまでのヒエラルキー社会そのもののトヨタではありえないことだ。

ある部長は、壁際に座る章一郎の姿を目にして、思わず声を潜めてつぶやいたものだ。

「うわッ、名誉会長、おるわ」

しかし、章一郎は、会議でいっさい口を挟まなかった。無言で、やり取りを見守っていた。

「名誉会長、何かございますでしょうか」

「皆さん、ご苦労さんです。頑張ってください」

その一言には、現場を信頼し、すべてを任せるという章一郎の思いが込められていた。

章一郎は週末、差し入れの大福を抱えて、大部屋に現れた。会長の張は、自らクルマを運転して、生産や調達など各部門の対策本部を激励して回った。章一郎にしても張にしても、あくまでも脇役に徹し、現場が動きやすいように計らった。

調査を進めていくと、取引のある620社のうち、「3・11」による火災や浸水などの被害は、237社659拠点に上った。生産されていた部品1260品目のうち、500品目については早急に手を打つ必要があった。

部品が1つでも欠ければ、クルマはつくれない。である以上、トヨタは、国内のすべてのラインを停止しなければならない。現場の部長たちは、ライン停止の決断をした。

トヨタでは、もともとラインの停止はタブーではない。現場には、ラインを止める権限が与えられている。異常があれば、作業者自身がストップひもを引いてラインを止める。自律した強いラインをつくるためだ。

しかし、今回の工場のライン停止は、異常時に一時的にラインを止めるのとはわけが違った。長期化を覚悟しなければいけない。トヨタの場合、ライン停止の損失額は、1カ月で数千億円規模に上る。その決断を下すとなれば、現場はビビって当然だ。

「責任はすべて私が取る」という章男の一言は、ラインを止める心理的プレッシャーを除いた。

ルネサス那珂工場の復旧に駆けつける

大災害を前にして、一刻も早く現場に出かけ、復旧の支援をしたい。被災地に不足しているのは何か、お手伝いできることは何か……。一方で、日本の自動車産業に対するダメージは？サプライチェーンはどこまで寸断されているのか。なかんずくトヨタの被害状況の正確な把握も求められる。当時の章男は、体がいくつあっても足りなかった。

彼が、初めて被災地に入ったのは、「3・11」から16日後の3月27日である。現地に迷惑をかけたくないと、秘書も連れず、同行者もわずか3人だった。また、食料、水はむろん、日用品はすべて持参し、ゴミを残さないようにと、用心深くゴミ袋も持っていった。

それには、教訓があった。2007年の新潟県中越沖地震で、ピストンリングなどを生産する新潟県のリケン柏崎工場が被災した際、自動車メーカー各社は一斉に大挙して駆けつけ、復旧作業に当たったが、その復旧部隊は、地元のコンビニエンスストアで水や食料を買いあさった。そのため、棚から商品がなくなり、地元の被災者に大迷惑をかけた。

寸断されたサプライチェーンの復旧に当たって、最大のネックは、ルネサス エレクトロニクスの茨城県那珂工場の被災だった。

ルネサスは、自動車や家電、コンピューターなどに使われるマイコンの世界大手である。クルマの神経をつかさどる車載用マイコンの世界シェアは４割を占め、首位だった。なかでも那珂工場は、車載用マイコン、カーナビゲーション向けシステムＬＳＩ（大規模集積回路）の主力工場で、短期間のうちに他工場で代替生産することは不可能だった。

結果、世界の自動車メーカーの生産は、全面ストップした。このままでは、日本のモノづくり神話が崩壊しかねない。

工場内は、壊滅状態だった。２メートル角ほどの巨大な排気ダクトは何十本と崩れ落ち、使い物にならない。半導体を製造するうえで欠かせないクリーンルームは、もはやがれきの山だった。

１７００台もの高精度の機械や設備はひっくり返り、高圧ケーブル、有毒ガスや液体の配管など、張り巡らされていたインフラは崩壊していた。どこから手をつけたらいいのかわからなかった。

ルネサス那珂工場の復旧には、半年以上かかると思われた。納品先の自動車メーカーや電機メーカーがフル稼働に戻るのは、さらに年を越えて翌年１月とされた。この最大のピンチを、どう乗り切るか。

章男は、素早く動いた。当時、自工会会長を務めていた、日産自動車ＣＯＯ（最高執行責任者）の志賀俊之に電話をかけた。

というのは、ルネサスがトヨタをはじめ自動車メーカーからの応援を断ったからだ。ルネサスには、トヨタを含めどこの自動車メーカーの資本も入っていなかった。加えて、半導体の製造工程には機密が多い。応援を受け入れれば情報が外部に漏れる。何より、いくらクライアントとはいえ、半導体のシロウトの自動車メーカーには復旧作業はできないというのが、彼らが応援を断った理由だった。

ルネサス那珂工場は、かつて日立製作所の工場だった。それに、ルネサスの大株主は日立だった。

「ルネサスの復旧をみんなで一緒にやりましょう。志賀さん、日立の中西（宏明・当時）社長に頼んでくれませんか」

章男の電話を受けた志賀は、すぐに中西に電話をかけた。復旧作業の許可を取りつけると、章男に結果を伝えた。

トヨタ、日産、ホンダ、デンソーなどの自動車関連企業のほか、キヤノン、さらに経済産業省なども加わって、ルネサス那珂工場の復旧作業が始まった。オールジャパン体制が構築されたのだ。

混成部隊の先頭で指揮を執ったのは、章男の入社直後に加え、1990年代に所属した生産調査部時代の上司で、当時取締役の林南八である。

林は、TPS（トヨタ生産方式）の生みの親である大野耐一や鈴村喜久男から直接、薫陶を受け、2001年にトヨタの技術ポストの最高位の技監に就いた。1995年の阪神・淡路大震災でも、生産拠点の立て直しを手がけた経験を持つ。

彼は、当初、2カ月半を要するとされた半導体クリーンルームのインフラ整備を「10日でやる」と言い切った。周囲は仰天した。とりわけ、電機、半導体業界などの技術者らは、何も知らない自動車メーカーが何を言うかと反発した。

章男は、那珂工場に、作業服を着てヘルメット姿で駆けつけた。公聴会のときと同様、彼はこの窮地においても、疲れた顔や落ち込んだ表情を周囲にいっさい見せず、部下を鼓舞し続けた。

章男は通常、苦しい立場で踏ん張る部下を褒める。「まずい」「ピンチだ」と自覚し、叱られる覚悟をしていた部下にしてみれば、一気にモチベーションが高まる。逆に、彼は、褒めて当然のシーンでは褒めない。褒めるべきときに褒めるのは、誰にでもできることだからだ。

人間は、窮地に陥れば、怒り、ヒステリックになる。章男は、それが逆なのだ。むしろ冷静になる。おそらく意図的に逆にしているのだろう。

責任は、すべて私が取る

章男の訪問に、那珂工場の現場の士気は一気に高まった。

彼は、かつての上司の目をしっかりと見据えて、この場面でも、次のように告げた。

「責任は、すべて私が取ります。思ったようにやってください」

章男に権限を委譲された林は、武者震いした。自らもまた、現場に権限を委ねた。

「現場で即断、即決、即実行。できたことは報告せんでいい。うまくいっていないことだけを報告してください」

と、林は言った。

人員を予定の3倍に増やし、3シフト制を敷き、24時間態勢の下、TPS、現地現物、即断即決即実行により、約束通りに10日間でインフラ整備を終わらせた。

その頃には、当初は半信半疑だった電機業界や半導体業界の技術者を含め、現場で作業に当たる作業員たちは、「やればできる」という自信にあふれていた。

最終的に、ルネサス那珂工場は、震災発生から3カ月後に生産を再開し、10月末には震災前の出荷水準に戻った。世界からは〝奇跡の回復〟とたたえられた。

工場が復旧すれば、自動車メーカーや電機メーカーの間で部品の奪い合いが起きる。どの企業も、自社の生産ラインをできるだけ早く動かし、損失を最小限に抑えたいのは同じだ。章男は、部品の奪い合いを防止するため、工場の停止直前の出荷比率に従って分けるように自工会で提案し、採用された。彼の心配りである。

海外からは、日本のモノづくりは1年以上、立ち直れないだろうといわれた。しかし、各社の復旧スピードは速かった。

トヨタは3月28日、堤工場とトヨタ自動車九州でハイブリッド車の生産を再開し、4月18日からは、低操業ながらも全工場が稼働、11月にはすべての工場の生産が正常化した。当初、年明けと想定されていた生産正常化を、見込みを大幅に上回るペースで実現させた。

「むしろ東北で、日本の現場力を実感した」

と、章男は述べた。

彼は「3・11」の経験を経て、理想とする「現場にいちばん近い社長」に一歩近づいたといえる。

章男は後に、危機対応に明け暮れた社長就任後の3年間について、「大変つらい時期だったが、会社としての一体感、求心力が高まった時期」と振り返った。

このように、数々の試練が章男を経営者として育てていったのである。

第7章　慢心——何を恐れているのか

「七人の侍」の血判状の顛末

第3章で触れたように、トヨタグループ創業者・豊田佐吉の住居は、静岡県湖西市に、豊田佐吉記念館として一般に公開されている。その母屋の奥には、普段は公開されていない仏間が設けられている。

2018年2月某日、その仏間に、豊田章男のほか、6人のトヨタ自動車副社長の面々が集結した。章男は、自分を含めてこのメンバーを「七人の侍」と呼ぶ。

七人の侍は、仏壇を前に神妙な面持ちで正座していた。そこには、1枚の書面が広げられていた。冒頭に「誓詞《せいし》」とある。トヨタのオウンドメディアである「トヨタイムズ」にその内容が紹介されている。

「我々は、日本、延《ひ》いては世界経済・社会の発展のためトヨタグループを新たに創造すべく、豊田章男とともに、身命を呈してあらゆる努力を尽くすことを誓う」

さらに、こうあった――。

「豊田章男は、それに応えるべく、徹頭徹尾、本分を尽くし精進することを誓う」

章男に続いて6人は、1人ずつ書面にサインをし、血判を押していった。白い紙の上に、赤い7つの拇印が並んだ。鮮烈だった。血判状である。

『大辞林』によると、血判とは誓約の堅さを強調するため、指を切ってしたたらせた血で押判することとある。彼らにとって、それは絶対的覚悟の証しだ。

しかし、仏壇の前で血判状と聞けば、いかにも古風な日本的習俗ではないか、時代遅れだ……と多くの人が反応するだろう。このデジタル時代に最もふさわしくないと、批判されるかもしれない。芝居がかっているかもしれない。それは否定しない。

しかし、トヨタの圧倒的な強みは、時代遅れといわれようとも、この血判状に象徴される苛烈なまでの一途さを貫く点にある。どういうことか――。

まず、注目すべきは、血判状の内容である。

文面には、トヨタのためとも章男のためとも書かれてはいない。あくまで、「日本、延いては世界経済・社会の発展のため（略）身命を呈して（略）尽くす」と誓ったのである。いわば大義だ。わかりやすくいえば、世のため人のためである。「無償」は大げさにしても、それに近い精神に貫かれた行為である。

豊田綱領には、もともと産業報国がうたわれている。「上下一致、至誠業務に服し、産業報国の実を挙《あ》ぐべし」とある。それは、豊田佐吉以来、トヨタの背骨に1本ピーンと入って固定されている信条、信念、哲学である。「志」のきわめて強い企業だ。

今のトヨタが日本経済を背負っているのは確かだろう。「トヨタがダメになったら、日本経済がダメになる……」と、ある役員から1990年代に聞いたことがある。

トヨタは戦後、細々と輸出を始めていたものの、三河の田舎侍と批判されるほど、内にこもっていた。〝三河の城〟から1歩も外に出ようとしなかったが、1982年の工販合併、そして同年に東京本社を構えた頃から、田舎侍を抜け出し、国際化へと徐々に歩み出した。豊田章一郎が日本経済団体連合会（経団連）会長になった1994年ごろには、意識するしないにかかわらず、現実に日本経済を背負って立つようになった。トヨタの視線は、内だけではなく外にも向けられるようになった。

前に触れたように、佐吉に「障子を開けてみよ、外は広いぞ」という警句があるが、今のトヨタにとって、外に目を向けるのはいうまでもないことだ。

6人の副社長を置いた異例の人事

次に、七人の侍の顔ぶれを見てみよう。

血判状の3カ月前、すなわち前年の2017年11月に発表された人事異動は、異例ずくめだった。今日の副社長6人体制が構築されたのは、このときである。トヨタが章男1人の経営から、次のステージに移行したことを意味する画期的人事だった。

例年4月に行われる人事異動は、3カ月早められ、1月1日付で実施された。目玉は副社長人事だった。トヨタの副社長は、2017年末まで営業担当のディディエ・ルロワ（60歳）、技術畑の寺師茂樹（62歳）、現場叩き上げの河合満（69歳）、経理畑の永田理（60歳）の4人だった。このうち、永田が退任し、新たにCFO（最高財務責任者）として小林耕士（69歳）、IT分野に強い友山茂樹（59歳）、技術開発担当の吉田守孝（60歳）の3人が加わった（注・年齢はいずれも当時）。6人の副社長体制の誕生である。

章男を加えた7人の平均年齢は、脂の乗り切った62・8歳。

「なぜ、人事異動は、恒例のごとく、いつも4月1日付なんだ」

と前置きして、章男は人事担当者に次のように迫った。

「新しい布陣が決まったのであれば、前例にとらわれることなく、すぐ変えればいいじゃないか。戦いの場で負けが見えたとき、『次の人事は4月ですから、それまで布陣は変えません』というのか……」

組織の常識にとらわれない発想である。

以後、トヨタの大がかりな人事異動は、新年度の始まる4月を前に、2019年と2020年も1月に行われたほか、フェローや役員クラスの異動や担当変更は、ほとんど毎月のように行われている。

指摘するまでもなく、血判状といえば、きわめて日本的なしきたりだが、すこぶる興味深いのは、その中にカタカナの名前を持つ人物が入っていることだ。初の外国人副社長であるルロワである。

ルロワは、仏ルノーのルマン工場副工場長だった。トヨタに転職するに当たり、肩書は4ランク落ち、報酬も大幅に下がった。妻や両親からは、「気が狂ったのか」と言われた。

しかし、彼は、「トヨタのつねに学ぶ姿勢、自己成長できる点、責任を取る覚悟を持てば仕事を任せてもらえること」にひかれ、1998年にTMMF（トヨタ・モーター・マニュファクチャリング・フランス）に入社した。

「ルノーでは、自分が成果を出すことが重要だった。でも、トヨタでは、まず、信頼されることが重要だ」

と、語っている。いまや、社内では、「生え抜きのトヨタ社員よりトヨタっぽい人」といわれる。

2018年末、ルノー会長兼CEOだったカルロス・ゴーンの失脚後、後任の下馬評の中に、ルロワの名があった。しかし、ルロワにはその気はまったくなかった。

彼は、複数の会社を渡り歩くいわゆる〝プロ経営者〟ではない。章男の経営理念に共感し、トヨタが強みとする一途さを持ち合わせている。

血判状作成に当たってのルロワの戸惑いは想像にかたくない。それでも、彼は、参加を躊躇しなかった。

「過去の整理」からの脱却

では、なぜ、トヨタは血判状なる古風な儀式を行ったのか。

浮かび上がるのは、巨大トヨタの舵取りを、たった1人で担う章男の想像を絶する重圧と孤独である。

章男は、つねづね「社長の仕事は決めることと責任をとることだ」と語る。しかし、章男がトヨタの全責任を負う最終決定者であることは、一歩間違えば、誰も歯向かうことのできない絶対権力者になることを意味する。

権力者に対し、周囲が遠慮や忖度《そんたく》を重ねて本当のことを言わなくなれば、まさに裸の王様になる。彼にとって、これほど恐ろしいことはない。避けなければいけない。

実際、37万人の従業員とその家族、サプライヤーや株主を抱えるなど、トヨタが社会に与える影響力は大きく、果たすべき責任は想像を超える重さがある。しかし、その重圧、重責を伴うトヨタの経営、進路について、責任者と同じ立場、目線に立ち、悩み、考え方を共有する役員は、それまで、章男の周囲にはいなかった。

血判状は、社長と副社長の7人の結束を最大限に強めることによって、章男を孤立させないための奥の手だったといえる。

章男は、2018年5月9日、同年3月期決算説明会で、社長就任以来9年間の経営の歩みを、大好きなカーレースになぞらえて、次のように総括した。

「社長に就任してからの8年間はサーキットレースをしていたように思います。トヨタという巨大企業のドライバーズシートに独りで乗り込み、自分のセンサーを頼りに、お決まりのコースを速く走らせようとしていた気がするのです」

サーキットレースは、決められたコースを周回し、タイムを競う。ドライバーは、事前にコースのコーナーや坂道をすべて頭に叩き込み、単独でクルマに乗り込む。その意味で、ドライバーは孤独だ。

つまり、これまでの章男はサーキットレースのドライバーと同様に、たった独りで巨大企業の経営のハンドルを握ってきた。

もっとも、これまでは、クルマをつくって売るという旧来のビジネスモデルに従って、右肩上がりを前提としたオペレーションをすればよかった。孤軍奮闘が通用した。

しかも、社長就任後の数年間は、リーマン・ショックによる赤字転落や、2009年から2010年の一連のリコール問題の反省の上に立った、いわゆる安定した経営基盤の構築が主な取り組みだった。いってみれば、それは、過去の整理だった。次なる目標は、未来のモビリティ社会をリードし、時代の一歩先を行くイノベーションを起こすことだ。未来のビジネスモデルは過去の延長線上にはない。

章男は、変革の第2ステージへの移行の過程で、成功体験を持つ巨大企業を変革することの難しさを痛感する。加えて、トヨタの企業文化を変える困難さにも直面した。同説明会で、「私は、そのことに、この間本当に悩みに悩みました」と、心中を語っている。

サーキットレースからラリーへ

レースには、サーキットレースのほかに、もう1つ、ラリーがある。砂漠などオフロードの道なき道や、天候や路面などの変化が激しい一般道のコースを走るレースだ。コースは、その都度変わるので、助手席にコ・ドライバー（ナビゲーター）が乗り込み、ドライバーをサポートする。

たとえば、ラリーでは、ドライバーとコ・ドライバーは事前にコースを下見し、コース上のコーナーの曲がり具合や直線の距離、坂道の有無などを「ペースノート」に書き込み、記録する。

ラリー用のクルマのハンドルは、コーナーでハンドルを切る角度の正確さを維持するため、あらかじめマーキングが施されているケースが多い。レース中、コ・ドライバーはペースノートを見て、

「右4！　長いコーナー」

「次、左3！」

などと、ハンドル操作の指示をドライバー目線で、的確なタイミングをもって出す。

だから、ドライバーは先が見えていなくても、コ・ドライバーの指示を信じてコーナーに突入する。もし間違えば事故は免れないという意味で、文字どおり命を預け合う関係だ。

「カンパニープレジデントやグループ企業のトップを経験した副社長と、各分野のエキスパートである社外取締役や役員が、私のコ・ドライバーとして社長目線でナビゲートしながら、より速くゴールを目指すやり方に転換する必要があるということです」

と、同説明会の席上、章男は語った。

自動車産業をめぐる経営環境が劇的に変化するなかで、サーキットレースからラリーへと、走り方を変えなければいけないと、章男は強く感じたのだ。

血判状によって、章男は自らの誓いを新たにすると同時に、副社長たちは章男と志を同じくして、トヨタの経営を考える運命共同体のコ・ドライバーとなることを誓い合った。いってみれば、経営チームのスクラムの組み直しだ。裏返していえば、これまでは、必ずしも経営チームが完全に一体化せず、有効に機能していなかったという見方もできる。

裸の王様にならないための布陣

血判状は、経営チームの団結を図るためにつくられた。経営チームの再構築のリード役を務めるのは、小林である。小林は、同説明会で、次のように語った。

「社長とは、長い間一緒に仕事をやらせていただき、デンソー時代にも密にコミュニケーションを取ってきました。社長の思いは十分理解しているつもりです。私の役割は、社長の戦略、つぶやき、思いを、即座に社内一体で展開していくことだと思っています」

小林は、CFO、CRO（最高リスク管理責任者）をはじめ、さまざまな肩書を持つが、その役割を一言でいえば、トヨタの大番頭だ。

小林は、章男が係長になる前からの上司である。互いに性格を知り尽くしている。6人の副社長のなかで最年長の河合とともに70代で、誰に対してもはっきりとものを言う。

小林は、若い頃から上司への進言をためらわなかった。だから、OBの間には今も悪く言う人がいる。嫌う人もいる。また、怒ると怖い人だという評もある。反面、視野が広い一方でこまやかな気遣いも欠かさない。独特の人間味があり、経営チームの潤滑油の役割を果たしている。

「もうちょっと、社長と、この話をしたほうがいいんじゃない」

「ここは社長に任せておいて大丈夫だよ」

などと、章男とほかの副社長たちとの間に立って、微妙なやり取りのさじ加減をし、メンバーの関係を取り持って、経営チームのフォーメーションを組み立てている。

章男は、七人の侍のなかでも、年上の河合と小林のことを「目の上のたんこぶ」と言いつつ、重宝する。たんこぶは、章男の耳の痛いことを平気で言う。だからこそ、章男は安心するのだろう。自らを裸の王様にしないための布陣というわけだ。

七人の侍によるマネジメント体制は、仲良しグループではない。かといって、互いに牽制し合う関係でもない。「上下一致、至誠業務」に服する同志的戦闘集団そのものといっていい。

日本型のタテ型組織は、機能別組織のトップを副社長が務め、相互不干渉と、暗黙のうちに縄張り意識を持つ例が多い。しかし、「血」の結束を誇るトヨタの経営チームは、不要な縄張り意識のない、微妙な間合いを取った人の配置、仕組みがつくり上げられている。

彼らは、互いの専門分野の知識や情報をシェアしながら、常時、密な連携を図る。役員間では、LINEのチャット機能を使って頻繁に連絡を取り合うほか、ひざを突き合わせたミーティングを欠かさない。

トヨタでは、毎週1回、執行役員クラス以上約20人を集め、ミーティングを行う。直近の課題や問題を話し合うが、型にはまった会議をしない。資料はいっさいなし。その場そのときの懸案事項を話し合う。つねに臨戦態勢を取り、変化に対応して動くためである。

章男は、2019年の東京モーターショーで、たくさんの聴衆の前で、ルロワを除く5人の副社長とともに〝公開経営会議〟を開いた。丁々発止の議論がなされ、ユーモアと笑いがあった。

「みんな緊張していたし、普段の姿とはちょっと違った。でも、いつもはわれわれが言っていることはストレートに伝わらないので、こういう形でお伝えできたのはよかった」

と、章男は振り返った。

トヨタが今後、どうなっていくかは誰にもわからない。もっと厳しい局面に置かれるかもしれない。だからこそ、章男は自らの考えをストレートに社会に伝える努力を怠らない。

普通の会社になることを恐れる

章男は、「トヨタがトヨタではなくなること」を恐れる。「普通の会社になること」を危惧する。

サントリーホールディングス会長の佐治信忠は、「サントリーは普通の会社になった」と発言している。会社が大きくなると、これまで入ってこなかった優秀な人材が入社してくる。エリートばかりになる。そうなると、父親の敬三時代の「やってみなはれ」のもと、社員の間に旺盛にあったチャレンジ精神が消え失せてしまう。そのことを嘆いたのだ。

同じようなことは、トヨタでも起きていた。

章男は2018年以降、決算会見や株主総会、労使交渉などの場で、たびたび「トヨタらしさを取り戻す戦い」と口にするようになった。トヨタにあって他社にはない価値観、すなわち原価低減やTPS（トヨタ生産方式）を見失えば、普通の会社になると、彼は恐れる。では、章男の考えるトヨタらしさの根幹とは何か。

彼は、業務改善支援室時代、社内の現状維持派と散々戦い、苦労した。そのときの苦労の蓄積が章男の経営に生きていると見ていい。つまり、業務改善支援室での戦いが、彼の経営改革の原点である。

以下、章男が取り組む「トヨタらしさを取り戻す戦い」について詳細に見ていこう。

原価低減を徹底的にやりたい

トヨタ東京本社地下1階の記者会見場に入ってきた章男は、着席するなり、記者の顔ぶれを確認するかのように、上目遣いにゆっくりと記者席を見渡した。縁なし眼鏡の奥の目は、冷ややかな光を放っていた。

「経営者」の目といっていいかもしれない。とりわけ、よくない発表をするとき、彼はしばしばこの表情をする。

2017年5月10日、トヨタの同年3月期の通期決算説明会の席上でのことである。

確かに、決算内容はよくなかった。同年3月期の連結決算は、純利益が前期比21％減の1兆8311億円だった。5年ぶりの減益である。円高による採算悪化やコスト増が響いた。翌2018年3月期の連結純利益も、同18％減の1兆5000億円の見込みだと発表した。

「適正販価－適正利益＝あるべき原価、という基本原則を付き詰め切れていないのではないか」と、章男は会見の席上、危機感を口にした。

2018年3月期の減益見込みを受けて、会見前、章男は小林に言った。

「自分は負け嫌いだ。連敗は絶対にいけない」

2期連続で減益ということは、スポーツの世界でいえば連敗だ。それは何としても避けたいという思いが、章男にはあった。

繰り返しになるが、原価低減とTPSは、トヨタのDNAだ。競争力の源泉である。

原価低減は、一般にいうところのコストカットではない。確かに、コストダウンではあるが、トヨタ流の原価低減はそれとは異なる。「工数」の削減や「工程」の改善、すなわち仕事のやり方を変えることによって原価を低減することをいう。

ところが、近年のトヨタは、肝心の原価低減とＴＰＳがおろそかになっていた。なかでも、原価低減能力が薄れていた。かつて当たり前だったことが、いつの間にか、当たり前ではなくなっていた。

あるとき章男は、社内の緩みを危惧する思いを小林にぶつけた。

「そうですね。原価の『つくり込み』の実力が、相当落ちていますね」

小林は、率直な感想を章男に述べた。

章男は、「小林さん、原価低減とＴＰＳを徹底的にやりたい」と語った。以下のように、自分の思いを小林に吐露した。

「先人たちから受け継いだ原価低減とＴＰＳを徹底的に磨き、地道に足元を固めていこうと思う。地に足の着いたことをやっていきたい。そうしなければ、トヨタはダメになってしまう。仮に時間がかかってもやりたい」

彼は社長就任後、トヨタの体質改善は進んだと思っていた。しかし、改めて振り返ってみると、単に体重が減っただけで、筋肉質にはなっていなかった。「脂肪だけが残ったんじゃないか」と振り返る。

社内の緩みに鋭い目を向けていた小林も、かねて、トヨタの原価低減が年間３０００億円台にとどまることに不満を抱いていた。

固定費は、年間2000億円以上、直近の5年間で1兆円以上増加していた。販売台数の伸びに任せて、工場の設備を増強し、人員を採用し続ければそうなる。

広告、販売などの経費も増えていた。経営資源の使い方に対する相場観は、アライアンス（提携）を組んだマツダやダイハツ工業とは懸け離れていた。

考えてみれば、63歳の章男には、社長として采配を振る時間はそう長くは残されていない。第一、体力、気力の衰えは隠せない。しかも、これからは一層の窮地に立たされないとも限らない。限られた時間のなかで自分の思いを達成するには、考察、行動の密度を相当上げる必要がある。原価低減とTPSを徹底的に磨き、トヨタらしさを取り戻すには、日々、全力で取り組むしかない。

もう1つ、章男には焦燥感に駆られていることがあった。

トヨタの研究開発費は毎期1兆円を超えている。約4割は先進・先端分野への対応だ。しかし、世界に目を向ければ、IT業界の強者たちは世界中から莫大な資金を集め、新しい技術、新しいサービスを次々と生み出している。米アマゾン・ドット・コムは2017年に226億ドル（約2兆5000億円）、米グーグルの持ち株会社アルファベットは166億ドル（約1兆8000億円）の研究開発費を投じた。

「新たなライバルは、トヨタの数倍のスピードで新技術に投資している」

と、章男は語っている。

増え続ける研究開発費をいかに補うか。既存の事業の収益性を改善して、原価のつくり込みで原資を捻出しようというのが、章男の考えだ。

「僕が言うより、小林さんが問題点を指摘したほうがいい」

社長がガツンと言ってしまったら、誰も何も言えなくなってしまう。改善策は出にくくなり、活動の幅が狭くなる。そうならないよう、小林に厳しく指摘してもらうのは理にかなっている。また、それは番頭である彼の役割である。

原価のプロが現場にいなくなった

小林は2003年、トヨタ本体からデンソーに移り、副会長まで務めた。章男は2016年、かつての上司であった小林をトヨタの顧問にした。彼が名古屋商工会議所の副会頭に就任したからだ。小林は2018年に副会頭を退任し、同年にトヨタ副社長、CFOに就任した。いわば、トヨタの大番頭だ。

番頭重視イコール側近政治だとして、近年、番頭役は必ずしも評判がよくない。しかし、日本では、江戸時代から番頭制度が脈々と継承され、しっかりした番頭のいる会社は、繁栄するといわれてきた。

松下幸之助は、彼を支え続けた大番頭の高橋荒太郎が著した『わが師としての松下幸之助』

（PHP研究所）に序文を寄せている。そのなかで、「世にいわゆる大番頭といわれる人がいる。トヨタ自動車の石田退三さんが最も有名」として、高橋が、松下電器産業（現パナソニック）にあって、ちょうどトヨタにおける石田と同じ立場だったと述べている。

高橋は経理出身であるが、くしくも小林も、主として経理畑を歩いてきた。

小林に言わせると、近年のトヨタの原価率は高い。原価は黙っていると、すぐに上昇する。ましてや、経理が気を緩めると余計にそうだ。しかも、トヨタの品質基準に合わせようとすれば、原価は雪だるま式に膨れ上がっていく。

年間3000億円といわれるトヨタの原価低減能力は、販売台数が伸びればそれだけ高くなっていいはずだ。なのに、いつまで経っても3000億円にとどまったままなのはなぜか。

トヨタの技術部には、最高のものをつくるにはいくらおカネを使ってもいい、という考え方がある。「王者の鷹揚《おうよう》さ」といっていい。それに対し、原価管理部の役割はもっと安くと交渉して、市場価格に落とし込むことだ。

技術部と原価管理部の間には、これまでつねにせめぎ合いがあった。加えて、「設計図が間違っている」などと、経理部も口を挟んだ。知恵を絞って改善を図るのがトヨタ流だ。原価のつくり込みである。

原価のつくり込みといえば、前出の松下電器の高橋は、「経営経理」という考え方を披露している。原価のつくり込みと経営経理は近似しているといっていい。

高橋は、前掲の著作のなかで、次のように述べている。

「経営経理は口では教育できない。頭で覚えるだけではだめである。自ら工場に入っていって、材料はどのようにして作られ、それが工場でどう消化され、どのように製品化されていくか、ということを自分の体で覚えなければならない」

トヨタの原価低減能力が落ちているのは、高橋が指摘するように、自ら工場に入って、現場で原価の実態を把握していないからではないか。各工場のエンジニアや経理担当者が一つひとつの部品や製造プロセスに目を光らせていないからではないか。論より証拠、久しく原価のつくり込みという言葉を聞かなくなったと、小林は嘆く。

つまり、原価を見る目がなくなってしまった。原価のプロがいなくなってしまったのだ。デンソーに籍を置き、サプライヤーの立場からトヨタを見てきた小林にしてみると、トヨタの原価管理は甘さばかりが目についた。

材料価格を下げるには、材料の仕様の見直しが有効な手段だが、現場には、材料の仕様を突き詰める時間的余裕もなくなっていた。残業時間など労働規制の強化の影響である。

「僕らの頃は、夜を徹して仕事をやりましたよ。朝まで仕事をして、やりきって帰ったものです。でも、今は、それは通用しませんからね」

と、ベテラン従業員はぼやく。

かつてのトヨタでは、当たり前とされたことが、できなくなっている。そもそも、物事を深く考える時間が取れなくなっている。

原価低減活動で定評のあるトヨタでさえ、数々の問題点を抱えている。

事技職場の7つのムダを排除

電動化、自動運転、コネクティッドなど、次世代技術に先行投資するための原資を稼ぐには、これまで以上の原価低減が求められる。

ある日、章男は社長室に小林を呼んだ。2人はしばしば話し合いをするが、この日はいつにも増してじっくり話をした。

話題は、従業員のコスト意識である。かつてのトヨタの従業員は、原価意識を持って行動していた。短くなった鉛筆も大切に使う、〝もったいない〟という感覚があったと、小林は章男に言った。

「原価低減はトヨタのDNAです。しかし、私は、原価低減が自分たちの本当の血肉になっているとは思えない。先人たちがつくり上げたよき伝統を次世代につないでいくことが、われわれ世代の務めだと思います」

章男の考えもまったく同じであった。

とりわけ問題なのは、事技職（事務・技術職）の原価低減に対する意識の低さである。製造現場が1円1銭にこだわって懸命にモノづくりに励んでいるのに比べると、事技職の現場は、あまりにもムダが多かった。それは、トヨタは絶対に潰れないという慢心にほかならない。エリート意識のなせるワザだ。

小林は、事技職の現場に幾度となく足を運び、日々の業務から大きなプロジェクトに至るまで、徹底的なコストの洗い出しを行った。外部に丸投げする仕事が予想以上に多く、ムダなコストが積み上がっていた。

新車発表などのイベントの企画・運営では、丸投げの外注が行われていた。そうなると、個別の費用算出は難しく、その費用が妥当なのかどうかが見えなくなってしまう。つまり、相場観が身に付かない。一つひとつの経費についても、必要なものなのかどうかさえわからない。

「イベントの企画・運営をまず自分たちでやってみよ」

と、小林は厳命した。

トヨタにはもともと、構成部品の2割は内製に残せというルールがある。内製すれば、品質や生産性の向上などのノウハウを積み上げられるからだが、仮に100％外注すれば、コストをコントロールできなくなる。

同じことは、イベントの運営についてもいえる。内製することによって、ムダな費用が一目瞭然となる。どんぶり勘定にメスを入れた。

かくして、事技職の現場のムダを洗い出すとともに、章男は2018年1月、「TPS本部」

を創設し、事技職場の徹底的なムダの排除に臨んだ。

まずは、事技職の業務の平準化と標準化を行った。さらに、仕事の流れをフロー図で示し、情報の滞留をなくすことでリードタイムの短縮を図った。

さらに、生産現場の7つのムダならぬ、事技職場の7つのムダを定義し、意識変革、改善活動に取り組んだ。

7つのムダとは、「根回しのムダ」「会議のムダ」「資料のムダ」「調整のムダ」「上司のプライドのムダ」「マンネリのムダ」「ごっこのムダ」――である。

トヨタに限らず、大企業には必ずといっていいほど、根回しのムダがある。稟議書が決裁権者に到達するまでに、1段ずつ階段を上がっていかなければならず、その際、途中で案件が却下されないように、しばしば根回しが行われる。自分の職場を守るために水面下で動いて出来レースに持っていく。

根回しのために、読まれない資料までつくる。トヨタのような大企業になると、それらのムダは、積もり積もって膨大な量になる。

決めない人まで出席する「会議のムダ」、使いもしないデータのグラフ化、会議に間に合わせるためだけの「資料のムダ」もある。

ムダは、モノや情報の停滞を招く。情報が停滞すれば、それだけリードタイムが長くなる。

極端な話、ムダな仕事が増えれば、その分、クルマの価格は高くなり、リードタイムが長くなれば、それだけ車両の市場投入が遅れる。

ムダの排除は、もっといいクルマを適正価格で届けるには、避けられない。

トヨタは現在、副社長の小林を先頭に、鉛筆1本にまでこだわるムダの排除の意識づけを進めている。彼がこだわるのは、自ら現場に行って、社員と会話をすることだ。

「現地現物というトヨタ用語ではありませんが、肩書がどうあれ、現場で話をするのがいちばん早く解決するんです」

と、小林は語っている。

地道で泥くさい作業だが、彼はそれをいとわない。原価低減という先人たちがつくり上げたトヨタの伝統は、こうした地道な努力の積み重ねであることを、経験をもって知っているからだ。

章男は、トヨタの強みを取り戻したうえで、次の世代にバトンを渡そうと考えている。

仕入先との上下関係をなくす

かつては、強みであった調達分野にもまた、慢心がはびこっていた。

クルマは、そもそも約75%が仕入先からの部品でつくられている。ということは、部品の調達にかかる費用は、桁外れに大きい。トヨタの場合、売上原価20数兆円の約75%が部品の購買費に当たる。ザックリ計算して、年間15兆円以上の巨額に及ぶ。さすが、世界のトヨタらしいスケールの大きな話だ。

この部品購買費をどこまで圧縮できるかに、トヨタの命運が懸かっている、といっても過言ではない。しかし、それは、トヨタだけの努力では限界がある。仕入先と協力し、徹底して原価のつくり込みを行う必要がある。問われるのは、調達力の復権だ。

従来、自動車メーカーと仕入先の関係はケイレツと呼ばれ、上下、従属関係が存在した。メーカーを頂点にして、サプライヤーがティア1《ワン》、ティア2《ツー》……というふうにピラミッド構造のもとにケイレツを形成していた。ケイレツ批判はかねてからあった。

一般的にいって、自動車メーカー社長が仕入先である部品メーカーのトップと話す機会はあまりない。有力なティア1の社長といえども、表敬訪問したときに話をする程度である。確かに、そこには上下関係があった。

ところが、章男はちょっと違った。メーカーと仕入先の上下を廃し対等にして、ウィン・ウィンの関係の構築に心を砕く。

自動車業界では今、自動運転、電動化などをめぐって熾烈な技術開発競争が繰り広げられている。競争を勝ち抜くには、ケイレツ関係では限界がある。彼は、仕入先すなわち部品メーカーとの関係を変化させる必要を感じていた。

章男は、社長就任以来、定期的に部品メーカートップとの懇談の場を設けるなど、気を配る。

しかも、その際、章男流を貫く。旺盛なサービス精神で、「おもてなし」に努める。従来の自動車メーカーの社長とは一味も二味も違っている。その意味で、かなり異色の経営者といっていい。

2018年8月に愛知県蒲郡《がまごおり》市の役員研修所内で開かれた仕入先トップとの懇談会に先立ち、章男は屋外でちょっとしたハプニング的なイベントを仕掛けた。レーシングスーツ姿で登場し、部品メーカートップを自ら運転するラリーカーの助手席に乗せ、土煙を上げながらのドリフト走行を披露した。いってみれば、社長というよりモリゾウとしての本領発揮だ。

同乗者の選び方も、いかにも彼らしかった。酔い止めの薬を飲んできた人がいると聞くと、そういう人から優先して、助手席に乗せた。序列などとは無関係に、乗ってみたいという気持ちのある人に乗ってもらう。それが、互いに笑顔になるためのやり方だと、彼は考える。同乗したヘルメット姿のトップたちは、助手席で遠心力に振り回されながらも、実に楽しそうだった。

懇談会の席上では、章男はマイクを握り締め、思い切り熱を込めて、こんなふうに語りかけた。

「トヨタは、どこの部品メーカーとも付き合います。皆さんも、どこのカーメーカーとも付き合ってください。そのうえで、トヨタと仕事がしたいと思ってもらえる会社になるように、われわれは変革していきたい。量が出るからという理由ではなく、一緒に未来をつくれそうだ、トヨタならチャレンジができるという理由で、トヨタを選んでいただきたい。そういう関係になりたい」

従来、トヨタの仕入先は、トヨタの担当者に向かって「ご指導をお願いします」とあいさつし、持ち上げるのが常だ。それは、従属関係を象徴する決まり文句といっていい。いつの間にか、トヨタの社員は、仕入先に対して慇懃無礼になっていた。慢心の結果である。

章男は、そんな従属関係を徹底的に嫌う。

「指導を仰ぐ」などとおだてられて、机上で建前の話をしているようでは、一緒になって原価低減などできない。現場へ行き、現物を見て、互いに本音で悪いところを指摘し合わないことには中身のある議論にはならず、本当の改善にはつながらない。

章男は、日頃から調達担当者に、次のように話している。

「上から目線はダメだ。下から目線もダメだ。机上でものを言っていては、改善は進まない。現場で、現物を見ながら、お互いに腹を割って言いたいことを言うことが大事なんだ」

章男は、懇談会の席を借りて、仕入先のトップたちに向かって、こう語りかける。

「私のことを、〝豊田様〟と呼ぶのは、やめてください。普段からおっしゃっているように、〝オイ、章男！〟とお呼びください」

この発言に、会場はワッと沸いた。「調達のあり方を変えたい」という章男の必死さの表れだ。

そこには、仕入先の奮起を促す意味も込められている。トヨタに従属するのではなく、トヨタが気づかないニーズや改善策を提案できるようにならなければ、仕入先の下から目線を廃することは難しいと考えているのだ。

強い仕入先があるから強い

トヨタと仕入先の関係は、「共存共栄」がキーワードだ。そのベースは、「相互繁栄」と「持続的成長」である。

トヨタと仕入先は、原価に対する考え方を共有する。また、仕入先との原価のつくり込みによって得られた成果を、一方的にトヨタが享受することはない。比率はケースによるが、基本的に、トヨタと仕入先でシェアする。

仕入先の競争力を上げることは、トヨタの競争力向上にもつながるし、トヨタの競争力向上はまた、仕入先の競争力につながる、という長期的視点に基づく考え方だ。

「トヨタがあるから仕入先が強い。仕入先があるからトヨタが強い」という関係こそが、章男の考える理想の姿だ。まさしく相互繁栄による共存共栄である。

したがって、たとえ仕入先が値下げの申し出をしたとしても、たとえば、材料投入から出荷までのリードタイムを短縮して人件費や管理費を削減した、というような明確な根拠がなければば、トヨタは値下げに合意しない。値上げの場合も同じである。

このほか、調達に当たっては、オープンな姿勢を貫く。

過去、トヨタは、仕入先がトヨタ用につくった部品を他社に流すことを嫌った。敵に塩を送ることになるからだ。実際、1990年代には、トヨタとともに開発した部品を、デンソーが外部に販売して問題になった。

しかし、時代は変わった。欧州の自動車業界では、独ボッシュや同コンチネンタルなどティア1メーカーが、モジュールやシステムごとの開発を手がけ、カーメーカーに対して大きな力を持つ。デンソーやアイシンといったトヨタ系列のティア1は、彼らとの激しい競争のなかで生き抜かなければならない。

トヨタのためだけに商品を開発、生産していたのでは、スケールメリットが働かず、世界市場で競争力を維持することは難しい。逆に、トヨタも「系列メーカーだから」「付き合いが長いから」といったこととは別の理由で、部品メーカーを選定する。

2015年春に発売した新型カローラに搭載した自動ブレーキなどの安全装備「トヨタ・セーフティ・センスC」のセンサーモジュールを納品したのは、トヨタ系部品メーカーではなく、コンチネンタルだった。トヨタグループの間には衝撃が走った。ケイレツであろうとなかろうと、いいモノであれば採用するというのは、いまやトヨタの常識になりつつある。

価格がこなれていれば、なおさらである。その後も、2016年には、従来デンソーに任せていた車載センサーの一部について、やはりコンチネンタルからも調達するようになった。

章男は、２０１９年のグローバル仕入先総会の会場で、デンソーやパナソニック、コンチネンタルといった世界の仕入先トップたちに語りかけた。

「私たちは、1台のコンセプトカーをつくっているのではありません。１００万台規模で量産し、1度世に送り出した製品は、10年後も20年後も安全で安心して快適にお使いいただけるリアルの世界をつくりあげてきました。これは決して、簡単なことではありません。私が皆様にお伝えしたいのは、リアルの世界の底力です」

トヨタがモビリティサービスの世界で生き残るには、アマゾン・ドット・コムやアップル、グーグルといったＩＴの巨人たちと戦わなければいけない。それには、彼らが持っていないトヨタの強みを、研ぎ澄ましておくことだ。

すなわち、モノづくりの世界において、永続的に、競争力を保たなければならない。1台3万点にも及ぶクルマの部品の「ＱＣＤ（クオリティ・コスト・デリバリー）」を徹底的に追求し、圧倒的なモノづくりのパワーを保有し続けなければならない。

今日、クルマの安全性能や環境性能に対する市場からの要求は、高まるばかりだ。ドライバーサポート機能や省エネ技術を搭載すれば、どうしても車両価格は上がる。たとえば、欧州では、自動車の走行音の規制が厳しくなり、エンジンに防音カバーをかぶせる必要が出た。このコストを誰が負担するのか。顧客のメリットは少なく、原価上昇分を価格に上乗せすることはできない。

トヨタとしては、仕入先と協力しながら、調達費を圧縮してクルマの価格上昇を抑える必要がある。

カーメーカーと仕入先との関係は、一朝一夕に変わるものではない。試行錯誤、一進一退を繰り返しながら、徐々に変えていくしかない。

TPSが浸透しない理由

トヨタといえば、TPSが専売特許であるが、その浸透度合いに疑問符がついている。その裏には、慢心があるのではないか。そこで、ふんどしを締め直すため、前述したように2018年1月、トヨタは新たにTPS本部を設けた。

「おまえが面倒をみてくれ」

と、章男から命じられ、本部長に就いたのが、副社長の友山茂樹だ。

章男の指示は具体的だった。

「TPSを何とかする前に、まず生産調査部を立て直してもらいたい」

友山は、「僕のルーツはTPS」と自認するほどの〝カイゼンマン〟だ。1991年、生産技術部からTPSの総本山の生産調査部に異動したが、その時の直属の上司が、係長になりたての章男だった。その上司がまた、ＴＰＳの生みの親ともいうべき伝説の元副社長の大野耐一の弟子である、元技監の林南八だった。

したがって、章男と同様、友山も林の弟子に当たる。現ＴＰＳ本部長の朝倉正司も友山の元部下で、〝南八塾〟出身である。

また、１９８６年に米国に設立されたＴＭＭＫ（トヨタ・モーター・マニュファクチャリング・ケンタッキー）の社長を務め、ケンタッキー工場にＴＰＳを定着させた張富士夫も、生産調査部出身で、大野の直弟子だ。彼は、章男の社長就任後、後見人として会長職を務めた。

つまり、ＴＰＳのＤＮＡは、大野から始まって、張、林、章男、友山、朝倉と脈々と受け継がれてきた。

生産調査部は、経営部門の直系として、経営陣に対してものを言う部隊だった。ところが、量を追求する経営になり始めた頃から、生産技術部や技術部門の発言力が強まった。それに反比例するかのように、ＴＰＳの本流に当たる生産調査部の力が弱まっていった。

生産調査部の位置付けは、部から室へと変化した。つまり「生産調査室」に成り下がってしまった。

トヨタの中核を担っていた生産調査部は、いまや中堅幹部や優秀な若手がほかの部に流れ、人材不足に陥ってしまったのだ。トヨタは競争力の源泉であるＴＰＳをおろそかにし、普通の会社への道を歩み始めていたわけだ。

章男は、２０１８年5月9日の決算会見の席上、次のように述べた。

「すべての従業員が、ＴＰＳを理解しているわけではない。ＴＰＳは生産現場の取り組みというイメージが強いが、しかし、ほかの職場であっても、トヨタマンである以上、腹で理解する必要がある」

ＴＰＳを徹底的に磨き上げ、競争力の底上げを図るにはどうしたらいいか。地味で愚直な改善を積み重ね、トヨタ流の価値観を全社員に浸透させることだ。

自働化とジャスト・イン・タイム

「１００年に1度といわれる大変革の時代、変化することが求められる時代だからこそ、ブレない軸、変えてはいけないことを明確にしておくことが必要」

と、事あるごとに章男は強調している。つまり、変えてはいけない軸こそが、ＴＰＳである。

ＴＰＳは、圧倒的な熱量から、まるで宗教だと評されることがある。むろん、宗教ではない。

宗教でないとしたら、いったい、何なのか。教育なのだろうか。

以下、ＴＰＳのルーツからみてみよう。

１９４５年8月15日の終戦の日、トヨタ創業者の豊田喜一郎は、豊田英二に対して、次のように語った。

「2年で米国に追いつけ。そうしないと日本の自動車産業は成り立たんぞ」

日本と米国の工業の生産性は、その頃1対9といわれた。だとすると、2年で生産性を9倍、あるいは10倍に上げなければいけない。わかりやすくいえば、100人でやってきた仕事を10人でやらなければならない。

英二は生産性を上げるため、機械工場長だった大野耐一を呼び、新しい生産システムの構築を命じた。TPSのスタートだ。

大野は、日本人は何か大きなムダをしているのではないか、ムダをなくせば、生産性は10倍になるはずだと考えた。それが「トヨタ生産方式の出発点であった」と、自らの著作のなかで述べている。

大野は、1932年に名古屋高等工業学校機械科（現名古屋工業大学）を出たが、当時、就職難の時代で、父親が喜一郎の知り合いだった関係から、豊田紡織（現トヨタ紡織）に入社した。その後、1942年に豊田紡織が解散したため、翌1943年、トヨタ自動車工業に転籍した。

英二と大野は、欧米の生産性の高い設備に太刀打ちするためには、「ニンベンのついた自働化（異常が発生したら機械がただちに停止して不良品をつくらない、という考え方）」の考えをクルマづくりの隅々まで行き渡らせて、人の付加価値、生産性を高めるしかないと考えた。

さらに、資金や資源に乏しいなかで、徹底したジャスト・イン・タイムの実現が必要だと考えた。2つの思想を柱とするTPSを、普遍的な生産方法として定着させていった。いってみれば、大野はTPSの立役者だ。

トヨタといえばTPS、TPSといえばトヨタとまで評されるようになった。それこそ、TPSは宗教のように、社員の〝信仰〟、いや支持を得ていった。

「昭和四十八年秋のオイルショックをきっかけとして、世間ではトヨタ生産方式に強い関心をもち始めたようである」

これは、大野耐一の著作『トヨタ生産方式』(ダイヤモンド社)の冒頭の一節である。わが国の産業界全体がオイル・ショックでどん底に落ち込んだとき、トヨタは減益になったものの、受けた傷は浅かった。なぜか……となった。どうやら、TPSに秘密があるらしいとなり、世間の注目を集めるようになった。

TPSは日本だけでなく、世界にも広がった。オイル・ショック後、米GMからトヨタに対して、小型乗用車の合弁事業の申し入れがあり、NUMMI(ヌーミ)が設立された。トヨタは、言葉や文化、考え方の違いを乗り越えて、米国でTPSを展開し、NUMMIは品質ナンバーワンを実現した。

また、米マサチューセッツ工科大学のジェームズ・P・ウォマック教授らは、著作『リーン生産方式が、世界の自動車産業をこう変える。』(経済界)で、TPSを研究し、世界に紹介した。フォードシステムとともに、TPSは自動車産業が生み出した20世紀を代表する生産システムである。

モビリティサービスにTPS導入

ところが、オイル・ショックから35年後の2008年9月、リーマン・ショックが世界経済を襲った。第5章でも触れたが、トヨタの2009年3月期決算は、営業損益が4610億円の大赤字を計上した。2000年代初頭からのイケイケドンドンの大拡張路線に乗って、世界中でクルマを製造販売し続けてきた結果、クルマづくり、組織、財務、経営、すべてが甘くなってしまった。TPSを、どこかに置き忘れてしまったのだ。

今日、トヨタが最も力を注いでいるのが、サービス部門へのTPSの導入だ。ジャスト・イン・タイムのサービス部門への注入である。

「これからの時代に求められることは、お客様のニーズを先取りし、よりパーソナルなモビリティサービスをダイレクトに、リアルタイムにお届けすることです。すなわち、必要とされるサービスを必要なときに、必要なだけ提供する世界であり、これはまさに、TPSでいうところのジャスト・イン・タイムの世界なのです」

と、章男は語っている。

2018年6月26日、東京・お台場にあるトヨタのショールーム「メガウェブ」で開かれた

「ザ・コネクティッド・デー」には、章男と友山が並んで登場し、コネクティッドカーに対する熱い思いを語った。

「TPSに由来するジャスト・イン・タイムの最終地点は、工場のラインオフではなく、一人ひとりのお客様だと考えています」

と、友山は述べた。

コネクティッドにより、クルマは顧客との接点になる。毎年、何百万、何千万人の顧客との接点が世界中に創出される。つまり、ビジネスの可能性は、無限大に広がる。クルマの状態、顧客が欲していることを把握し、24時間365日、ジャスト・イン・タイムでサービスを提供する。

トヨタは、販売店をはじめ、モビリティサービスにかかわる現場に、TPSに基づくオペレーションを導入し、サービス提供のリードタイムの短縮に取り組む。

たとえば、発売するすべてのクルマを2020年中にコネクティッド化する計画だ。車両から収集したデータからクルマの不具合を発見し、販売店に入庫を促したり、車両ソフトウェアを最新のものに随時更新したりすることも可能にする。

また、シンガポールを拠点にライドシェア事業を展開する「グラブ」との間でも、同じような取り組みを進めている。トヨタのコネクティッドカーのインフラであるモビリティサービス・プラットフォームを軸に、車両管理、保険、メンテナンスなどを一貫して行うトータルケアサービスを提供する。取り組みに当たって、日本の本社からグラブにＴＰＳの専門チームを派遣している。

モビリティサービスに本腰を入れるにあたり、どれだけ魅力的なサービスを提供できるか。ＴＰＳ本部の真価が問われているのだ。

叩き上げを副社長に登用

「ウチは大丈夫か？」

ある金曜日、トヨタ副社長の河合満のスマートフォンに、ＬＩＮＥのメッセージが入った。章男からだ。

「大丈夫です」

河合は、すぐに返事をした。

週が明けた翌月曜日、河合は各工場を見て回った。

「あれ、河合さん、何しにきたの？」

と聞かれた。河合はその週、山登りのために休暇を取っていた。

「いや、お前たちがあの事件で動揺しているんじゃないかと思って、激励にきたんだよ」

と、彼は答えた。

あの事件とは、2017年9月、日産自動車の無資格検査の発覚である。日産の報告書によると、無資格者による完成車検査や排ガス・燃費データの改ざんは、現場の人手不足、コスト削減に加えて、現場への過度のプレッシャーが背景にあるとしている。日産に限らず、一般的に、現場と管理者の間には組織の壁がある。

トヨタは他社と比べて、現場と管理者の間の風通しがいい。管理者の現場の本音の把握力が高いといったらいいだろうか。

現場の管理者のトップに立つのが河合だ。彼は、中学卒業後に企業内訓練学校、トヨタ工業学園（当時の名称はトヨタ技能者養成所）に入り、トヨタで初めて現場叩き上げの副社長となった。

ちなみに、トヨタ工業学園のルーツは、トヨタ自動車工業設立の翌1938（昭和13）年に、トヨタ創業者の喜一郎の発案で開校された豊田工科青年学校にさかのぼる。1939年、同校内に技能者養成所が開設され、生徒は養成工の身分ながら、手当を支給された。それは、現在も変わらない。モノづくりの基礎を現地現物で学んだ学園生は、卒業と同時にトヨタの工場に配属され、モノづくりの現場の中核を担う。

河合は、役員になっても、本社の役員フロアに移らず、本社工場の中にある〝鍛造ハウス〟内の一室にとどまる。毎朝6時に出社し、工場内に設けられた風呂「鍛造温泉」に1時間ほどつかる。その間、夜勤を終えた従業員が朝風呂にやってくる。彼らと文字どおり裸の付き合いでコミュニケーションを図る。

彼の朝風呂の習慣は、入社以来続いている。「現場は泥くさい。その泥くささが面白いから、今も現場にいるんです」と語る。

章男は2015年、技監だった河合を専務に引き上げたが、河合は当初、彼の言葉によると「断固」として断ったという。

「絶対に嫌です」

河合は入社してちょうど50年目に入るところだった。年齢も60代の後半にさしかかっていた。

「そんな器じゃありません。勘弁してください。仕事はやりますから、せめて専務という肩書を取ってください」

懇願すると、章男は答えた。

「これは肩書ではありません。河合さんの背中につけるものです。河合さんの背中を見て、自分も頑張ろうという後輩が出てくることに、意味があるんですから。後輩のために背負ってください」

「後輩のために」という一言が、河合の心にグサッときた。後輩のためならば頑張ろうと思った。

章男の経営者の理想像は、「現場にいちばん近い社長」である。その思いなくして、河合の専務への抜擢はなかっただろう。

さらに、2年後の2017年、章男は河合を副社長に起用した。

「ありえません。副社長なんて、そんなもん絶対ありえません……」

かつて河合のような現場叩き上げの人間は工長、すなわち現場の親方が最高の役職だった。工長は、現場の人間にとっては神様同然だ。ましてや副社長となれば、河合が固辞したのは当然だろう。彼は70歳目前だった。だが、章男はニコニコしながら続けた。

「河合さん、やってもらうよ。労使協議会の議長も頼みますからね」

章男は、河合に人材育成と労使間の団体交渉役をセットで託した。

技能系が経営陣に加わることの意味は大きい。現場の士気にかかわる。トヨタの競争力の1つはここにある。ホンダの取締役会にも1990年代初頭まで、高卒の現場出身者が1人いた。ところが、ホンダに限らず、現場出身の取締役は、いまやほとんどの企業から姿を消してしまっている。

章男による河合の抜擢は、工場の無人化やＩｏＴ（モノのインターネット）化が盛り上がった時期と重なる。いかなる時代がやってこようと、現場の重要性は変わらないという章男の強いメッセージといえる。

「オヤジの会」で心を通わせる

こんなエピソードがある。2018年11月、愛知県蒲郡市にあるトヨタグループの研修所にグループ14社の技能系トップ50人が集結し、「技能系トップ決起集会」、通称「オヤジの会」が開かれた。発起人は、オヤジ筆頭格の河合だ。

河合には、3年ほど前から温めているアイデアがあった。今、トヨタのどの現場も人手不足に悩んでいる。工場によって繁閑差も激しい。A工場は猛烈に忙しいのに、B工場は手が空いているという具合だ。だとするならば、グループ全体で人を行き来させる体制をつくればいい。

さらにいえば、これまで各工場が自前で内製化してきた生産技術を共有すれば、グループ全体の競争力を向上させられる。

ただ、人の行き来は、従来の人事部中心のやり方に頼っていたのでは手続きに時間がかかる。「組織の壁」を取り払って、電話1本で互いの意思が通じ合うようにすれば、物事はスムーズに運ぶ。

そんなわけで、河合の発案でインフォーマルなオヤジの会が開かれた。

宴が盛り上がり始めた頃、独ニュルブルクリンクへの出張のため、オヤジの会への出席がかなわなかった章男からのビデオメッセージが流れた。

「オヤジの魂、それは情があり、厳しく、人を育てるということです。そして人を育て、育った人が新しい未来をつくるということです。すべてはオヤジに懸かっています」

そう述べた後、彼特有のユーモアでこう付け加えた。

「飲んでいる暇はありません」

すでにアルコールがたっぷり入っていただけに、出席者は、沸きに沸いた。

実は、河合からオヤジの会を開催すると聞かされたとき、「そんなにありがたいことはない」と、章男は言った。CASEなど、自動車業界を取り巻く環境が大きく変化するなかで、トヨタが生きるか死ぬかの戦いを生き抜くには、モノづくりの力が一層求められる。リアルの力だ。それには、オヤジの力を借りるしかないと、章男は本気で考えていた。

「現場一筋でやってきた人間は、同じニオイがする。顔つきも似てくる。それが、いざというとき、一致団結する力になる」

と、河合も言う。

章男に言わせれば、「一瞬にして心を通わせられるのは、技能という共通言語を持つプロ同士だから」だ。俗っぽい言い方をすれば、義理人情と浪花節の世界である。初対面でも一瞬にして心を通わせ、打ち解け合うのが、現場の人間関係なのだ。

「みんな、ものの数分で一体感を持つ。次の日からメールのやり取りをし、困ったことがあれば、応援に行ったりもしておるわな」

と、河合は語る。

オヤジがタッグを組めば、お堅い手続きはいっさい無用だ。一瞬でグループ会社間の垣根を越え、助け合う仲間になれる。

「技能のうえでは、人は平等」と、章男はつねづね語っている。

オヤジの会は、2019年9月に第2回目が開催された。再び、章男の送ったビデオメッセージが流されると、歓声が湧き、大いに盛り上がった。

トヨタには、インフォーマルな社内団体活動を行う10組織がある。幹部職約2400人からなる「部長会」、基幹職約5700人からなる「幹の会」などだ。このほか、技能職の幹部職や基幹職約420人からなる「巧会」をはじめ、約1900人の「工技会（後の工長会、現CX会）」、約7100人の「組長会（現SX会）」、約1万4200人の「班長会（現EX会）」を合わせた「三層会」、さらに、トヨタ工業学園卒業生の約8500人からなる「豊養会」、中途入社の技能職約7200人からなる「HORYU」などがある。

それぞれ、連携や親睦を図る目的で研修やレクリエーション行事などを行う。泥くさい活動だが、トヨタの現場の連帯、結束を語るとき、仕事以外のつながりは欠かせない。

サプライズ訪問で全国の工場へ

トヨタは、経営の軸を現場に置く。もっとも、〝現場に経営の神宿る〟は、元来、トヨタに限らず、日本のモノづくりの原点のはずだ。

章男が専務だった2003年の話である。彼は、元町工場の塗装ブースを視察に訪れた。汚れを防ぐための保護服に着替え、塗装の現場に入り込んでしっかり見て回るつもりだった。だが、そうはならなかった。

「何で、現場に来て、こんな資料を見なきゃいかんのか」

章男はムスッとした顔で、同行した河合に不平を述べた。

塗装の現場は、御曹司の章男が来るというので、1週間前から張り切って資料を用意した。山のような資料が、3つの部屋に所狭しと並べられていた。

「河合さん、これはおかしいよね。会社は家族でしょう。家族だったら、ありのままを見せていいんじゃない。1週間前から掃除をして、あれを言っちゃいかん、これを言っちゃいかんといって、いいところだけを見せるのは家族じゃないよね」

当時、現場は緩み、本音のコミュニケーションや機動力が薄まっていたのだ。

社長就任後の章男は、現場訪問に当たって、事前の準備をさせない。サプライズ訪問に徹し、時間の許す限り現場を回る。その際、必ず河合に同行を頼む。河合は1時間前に自分の後輩だけに「今から行くからね」と連絡を入れる。

奥田、張、渡辺の各社長らも、工場の現場視察を欠かさなかった。しかし、当然のことながら、工場には社長の訪問は事前に通知された。工場側は、万事を整えて社長を迎えた。社長は色紙にサインをし、最後は、現場の従業員と並んで記念撮影をするのが定番だった。

その点、章男はいつも、事前に知らせずに工場を訪れるのだ。

「事前に知らせるとみんな緊張した顔をしているけど、サプライズだと笑顔で迎えてくれるんだよ」

と、章男は語っている。

2017年3月、章男は、河合とともに、やはりサプライズで愛知県碧南市の衣浦工場を訪れた。河合は、章男を囲むように従業員を集めた。

「社長が来てくれたんだから、言いたいことを言えよ！」

河合がけしかけると、若手従業員の1人が、パッと手を挙げた。

「本当に、何でも聞いていいですか」

「いいよ」と、章男が応じると、彼は尋ねた。

「トランプさんを、どう思いますか」

河合は思わず、首をすくめた。冷や汗が出た。ほんの2カ月ほど前、トヨタがメキシコに新設する工場について、米大統領ドナルド・トランプが、ツイッターで「ありえない！」とコメントし、大騒ぎになったばかりだった。

ところが、章男は平気だった。

「君は、新聞記者じゃないだろうな」

と、返した。当意即妙のアドリブに、どっと笑いが起きた。そして、まじめにこう続けた。

「僕はトランプさんに会ったことはないけど、敵には回したくないしね……」

長々と返答した。

こんなこともあった。工場の敷地内を歩く章男に、訪問を知らされていない若い従業員が、つい声をかけた。

「エッ？　社長ですか？　ホンモノですか？」

「ああ、双子なんだよ。俺は弟のほうだよ」

冗談を言って笑わせた。

生産ラインを視察する際も、上から目線で振る舞うことはないように気をつける。休憩中の従業員たちの間に、何気なく腰掛けたりする。「カブトムシを飼っているんですよ」と、気安く話しかける従業員に、「へェ、カブトムシって、どれくらい生きるの？」と、真顔で尋ねる。

章男は、取締役会で怒鳴ることはあっても、現場では、声を荒らげることはない。現場を訪れる際は、従業員とのやり取りを心から楽しむ。明るい。元気だ。彼の特性といっていいだろう。

「今日は楽しかった。工場に来るのは、俺にとっては息抜きだからね」

と、章男は、河合に声をかける。

「社長が来ると、現場は明るくなるし、元気をもらいますよ。気持ちがいいよね」

と、河合は言う。

2019年夏には、衣浦と田原の工場へ出向いた。河合は、後輩にだけ、「某日、9時から10時に社長と行く。いっさいの準備は無用」と内々に伝えた。

そのせいかどうか、章男は、工場のゲートで足止めを食った。守衛は言った。

「今日は、役員が入ることは聞いていていません」

章男は社用車のウィンドウを下げて、「俺だ、俺だ」と叫んだ。

章男がこのように工場や販売店をサプライズ訪問する理由はほかにもある。現場の人たちの普段の仕事ぶりや働きぶりを見るためだ。加えて、幹部からの報告と、現場とのギャップはないかを知るためである。

章男は、管理部門がまとめたA3用紙の報告書をあまり信じない。自らの目、耳、手を大事にする。徹底した現地現物主義だ。

「トップダウンとは、トップが現場に降りていくことだ」と、章男は、独特の言い回しをする。

みんな、プロになろうよ

もっとも、社長の意思決定は、必ずしも全員に歓迎されるわけではない。喜ぶ社員がいる一方で、悲嘆に暮れる社員もいる。

「私が社長になってから、みんなが悲しむようなディシジョンが少なくなかった……」

と、章男は語っている。

悲しむ社員がいることを知り、少しでも間違った決断をしないように、現場の現状を知っておきたいとする。それが、章男のサプライズ訪問の理由だ。

「現場に近い」とは、このように工場視察だけを指すわけではない。章男は、現状に満足していない。

「情報は現場にある。自分の経験よりも、現場が今、どうなっているかを大切にしたい」

として、次のように語っている。

「まだまだ現場との距離は非常に遠い」

彼は2019年の新年のあいさつで、「みんな、プロになろうよ」と呼びかけた。彼の言うプロとは、一芸に秀でた専門性を持つ人をいう。謙虚に、素直に、自らの一芸に向き合い、努力する人だ。現場で汗を流し、少しでもいいものをつくろうと努力する人たちである。プロとして現場を背負って立つリーダーがトヨタの未来をつくっていくというのが、章男の持論だ。

「ベターベターで昨日より少しでもいいものをつくることを繰り返し、会社も人も成長してきました。リアルの世界でベターベターをやり続けるには、技能系という職種の存在を忘れてはいけないと思います」

１００年に１度の大変革の時代を乗り越えるには、自ら気づき、考え、挑戦してやり切る強い現場が何よりも大切だ。経営者たる章男は、そうしたメッセージを懸命に発信している。しかし、まだ目指す場所には達していない。

第8章　転換──何を改革したのか

国内300万台の死守

豊田章男は、自動車産業は100年に1度の大変革期にあるとし、「これまでの延長線上に、トヨタの未来はない」と、強調する。そんなシーンが頻繁に見受けられるようになった。

彼は、いったい、トヨタの未来をどう考えているのか。具体的にいえば、経営改革の方向性である。

社長就任後に彼が取り組んできた数々の改革から、その方向性がおぼろげながら見えてくる。それは、価値観の徹底的な転換である。

まず、国内生産における地域戦略の転換をめぐるケースについて考えてみよう。

トヨタはかねてから、国内300万台の年間生産台数を死守するための取り組みを進めている。記者会見の席上でも、章男は、常々こう語っている。

「石にかじりついても300万台を守りたい」

300万台とは、トヨタ自動車（単体）の年間国内生産台数の目標値だ。その目標値を、石にかじりついても守るというのは、どういうことか――。

自動車産業は、資材の調達をはじめ、製造、販売、整備、運送など、広範囲にわたる関連産業を持つ総合産業だ。自工会の調べによると、その就業人口は539万人に上る。わが国の全就業人口は6530万人だから、およそ8・2％に当たる。

トヨタ単体の国内生産台数は2018年に約313万台と、国内で生産される自動車全体の約3割を占める。ということは、ザックリ見積もって就業人口のおよそ3割、すなわち160万人前後の雇用を担っているといっていい。

サプライヤーも、300万台をもとに生産体制を築いている。トヨタが300万台を生産しないことには、サプライヤーは雇用を維持できない。

300万台は、トヨタの社会的公約といっていい。だからこそ、「石にかじりついても」と章男は、己に決意をいい聞かせるように述べるのだ。

日本のモノづくりの責任を一身に背負う覚悟の言葉といっていいだろう。もっというならば、経営者として、それこそ日本を背負う覚悟を示す重い言葉である。

実際、トヨタの国内生産台数は、年度別に見ると、この20年間、300万台をクリアし続けている。それは、簡単なことではなかった。

2011年の東日本大震災後の電力不足のほか、超円高など〝6重苦〟に直面した際、多くのメーカーが生産拠点を続々と海外へ移し、空洞化が指摘された。しかし、トヨタは、それこそ石にかじりつくようにして300万台を堅持してきた。

300万台を死守するため、トヨタは地域戦略を「転換」した。そこに注目すると、東日本大震災の復興を象徴する企業と地域社会をめぐる物語が見えてくる――。

宮城県大衡村に進出

発端は、東北の地域経済が疲弊するなかで2007年4月、宮城県の企業誘致担当スタッフが、トヨタのグループ会社が工場用地を探しているとの有力情報をキャッチしたことにある。以下は、かつて、宮城県知事の村井嘉浩から聞いた秘話である。

「トヨタグループのセントラル自動車の相模原工場は、手狭になってきたうえに老朽化が進んでいる。移転を計画しているが、神奈川県内にはまとまった土地がなく、計画が宙に浮いている。どこかいい移転場所はないか……」

2005年に知事に当選し、1期目の村井にとって、願ってもない話だった。彼は、その話に飛びついた。

高度経済成長期には、工業団地を整備すれば、黙っていても工場は来てくれた。が、低成長時代を迎えると、企業は工場建設を控えるようになった。その一方で、地方自治体は、人口減少社会の到来で〝地方消滅〟の危機に瀕し、これまで以上に、積極的に工場誘致をしなければ生き残れない。

仮に、自動車産業のような超大型産業の誘致に成功すれば、雇用につながり、地域の定着人口の増加にも寄与する。自動車産業は、裾野が広く、経済波及効果はきわめて高いのだ。

このビッグチャンスを逃す手はない。報告を受けた村井の動きは速かった。直ちに、怒濤のトップセールスを開始した。

彼は、神奈川県相模原市のセントラル自動車本社はもとより、愛知県豊田市のトヨタ本社にも足しげく通った。当時のトヨタ社長の渡辺捷昭など人脈を次々と構築し、率先して誘致活動を展開した。村井のトヨタ詣では、半年で優に10回を超えた。地域経済の衰退に対する強烈な危機感が、彼を駆り立てた。

ライバルは、北海道だった。宮城県に比べ出遅れたとはいえ、電気料金の低さなどをアピールして、猛然と巻き返しを図ってきた。

幸いなことに、仙台市街地から北に24キロメートルほどの地に、造成中の第2仙台北部中核工業団地があった。トヨタの求める工場面積を十分に満たす広さがあった。

トヨタからは、工場建設に当たり、高速道路のインターチェンジの設置や、高圧地中電線、工業用ガスラインなどの整備の要請があった。村井は、それらすべての要件に、1度もノーとは言わなかった。1週間以内に「ここまでできます」「いま少し時間をください」などと返事をし、トヨタに誠心誠意を尽くすと同時に、覚悟と熱意を示した。

トヨタの東北進出に当たって、最も危惧されたのは、従業員の問題だ。相模原工場の社員が、東北への工場移転に賛成し、移住してくれるかどうか。

相模原工場の従業員がごっそり宮城県に引っ越してくれないことには、工場をつくっても、動かすことができない。セントラル自動車は毎週末、従業員のために仙台の〝視察ツアー〟を組み、およそ1000人を順番に仙台に送り込んだ。

「新幹線で仙台に着くと、まず仕立てた観光バスで、宮城県庁を表敬訪問しました。すると、週末にもかかわらず、いつも村井知事が直々に出迎えてくださり、歓迎の言葉を述べてくださいました。その後、工場建設地の大衡村《おおひらむら》がどんなところかを従業員たちに自分の目で確かめてもらったんですね」

当時を振り返って、トヨタ自動車東日本専務取締役だった田ノ上直人は述べる。いかに、地元がトヨタに期待していたかがわかる。

誘致活動が実り、トヨタは宮城県黒川郡大衡村への進出を決め、工場の建設を始めた。村井の大願成就である。

東北を第3の生産拠点に

すべては計画どおり、順調に進んでいた。ところが、その矢先、暗転した。村井は、絶望の淵に追いやられた。彼の危機感は、頂点に達した。

「あのときは、もうダメだと思いました。ようやく誘致に成功したトヨタさんが撤退するか、もしくは今後の計画が縮小されてしまうのではないかと覚悟しました」

断るまでもなく、あのときとは、2011年3月11日の東日本大震災だ。

東日本の広範囲が壊滅状態に陥り、サプライチェーンも寸断されて、日本のモノづくり神話は崩壊した。世界の自動車メーカーは、一時的に生産ストップに追いやられた。これ以上のピンチはなかった。トヨタも、危機に見舞われた。

救いは、トヨタの東北地方の工場、すなわち稼働を始めてわずか2カ月の宮城大衡工場と、1993年に稼働を開始していた岩手県胆沢郡金ケ崎町の岩手工場は、ともに被害が軽微だったことだ。

とはいえ、サプライチェーンの寸断は想像を超えていた。当初、トヨタをはじめ日本の自動車メーカーの全面復旧には、1年以上かかるのではないかと懸念された。被害が小さかったとはいえ、全体の被害の甚大さを考えると、宮城大衡工場が閉鎖になってもおかしくなかった。

岩手工場も、コンパクトカーのエース「アクア」の生産拠点に決まっていたが、大震災によって、アクアの立ち上げが沙汰やみになるかもしれなかった。村井の危惧は、もっともだった。

ところが、トヨタの判断はまったく違った。

「トヨタは、東北を中部、九州に次ぐ国内〝第3の生産拠点〟として位置づける」

章男は、予測よりはるかに早く、復旧作業にメドがついた大震災4カ月後の7月19日、仙台で記者会見を開き、そのように宣言したのだ。

トヨタはこれまで、地元の愛知県を中型以上のセダンとミニバン、九州をレクサスという具合に、生産体制を分けてきた。東北をコンパクトカーの専門集団として位置づけ、国内3極体制を敷くことにしたのだ。まさに、国内生産体制の転換である。併せて、宮城県黒川郡大和町に約20億円を投じて、年産10万基の小型車向けエンジン工場を建設し、トヨタ自動車東北（現TMEJ＝トヨタ自動車東日本）が生産するアクアやカローラのエンジンを供給する計画を公表した。

「こういうときこそ、工場の音と匂い、クルマが運搬されていく姿を見せてほしい」という地元の声に応えたのだ。

トヨタが震災復興で地元に貢献できるとすれば、自動車をつくり続けて、自動車産業の基盤を構築することではないか。東北の復興には時間がかかる。実業をとおして雇用を生み出し、税金を払い続けることにより、復興に協力するのがいちばんいいのではないか。トヨタに期待されているのは、本業で一緒に戦うことではないか。

熟慮の末、以上のように、経営者として決断した。そこに、豊田綱領の産業報国スピリッツを見ることができる。

「豊田社長の〝第3の生産拠点〟というワンワードに、われわれはどれだけ救われたかわかりません」

村井は、章男の判断に胸をなで下ろした。

トヨタの第3の生産拠点構想は、被災地を明るくした。

現地調達率を4割に

トヨタは第3の生産拠点構想、すなわち国内生産体制の転換を実践するため、次々と手を打った。章男の実行力である。

まず、2012年7月に関東自動車工業、セントラル自動車、トヨタ自動車東北の3社を統合し、TMEJとした。第3の生産拠点の構築を確固たるものにするための体制固めだ。

また、その具体的推進策として、東北地域のサプライヤーの発掘に取り組み、現地調達率の向上に取り組んだ。東北に自動車産業を根づかせるための地元サプライヤーの養成である。その役割を担ったのが、2012年1月に設置された東北現調化センターだ。

たとえば、アクアのボディー部品を構成品レベルまで分解し、品目ごとに展示して、分解展示商談会を開いた。現地調達化されていない部品にタグを付けて、部品の構成や材質、調達要望レベルを表示、部品メーカーに何をどのようにつくってほしいかを示して、積極的な参加を促した。

現調化センターの社員は、参入意欲を示した企業があれば、直接訪問し、技術力向上やＱＣＤ（クオリティ・コスト・デリバリー）の改善に向けた支援を行った。

もっとも、現調化の推進は容易なことではなかった。そもそも、当初、手を挙げる現地の部品メーカーが少なかった。参入のハードルがあまりにも高かったからだ。世界に冠たるトヨタの品質とコスト、納期をクリアして、取引にこぎ着けるのは生易しいことではない。

現地部品の主要取引先数は、２０１９年３月時点で設立当初の１・５倍、約１５０拠点まで増え、約２３００人の雇用を生んだ。現地調達率は現在、約４割に達している。

現地で調達できない部品は、船便のほか、コンテナ貨物列車「トヨタ・ロングパス・エクスプレス」を使って１日２便、名古屋から運ばれている。

「トヨタ東日本学園」の開校

また、２０１３年、ＴＭＥＪが本社を構える宮城大衡工場の隣に、トヨタ東日本学園を開校した。東北地方の工業高校出身者など、新卒採用者の人材育成に乗り出したのだ。

章男は2013年4月、宮城大衡工場を見学し、現場で作業をするトヨタ東日本学園の1期生20人の一人ひとりに、励ましの言葉をかけた。彼は、次のように語った。

「卒業生たちがモノづくりの現場での技能伝承を通じて、東北の復興を担う主役になってくれると期待しています」

象徴的なのが、地場産業社員の受け入れだ。TMEJの社員だけを対象とするのではなく、地域企業向け教育コースを設けた。1年間訓練する長期コースや、電気や機械などを学ぶ中期コース、溶接や機械構造などを学ぶ短期コースまである。

このほか、TMEJは、水産加工業や製菓、造船、農業など地場産業企業にTPS（トヨタ生産方式）を広める、「相互研鑽活動」を行った。参加した企業の工場には、月に1、2度、トヨタ自動車東日本のものづくり研鑽室のメンバーが訪問する。

ストップウォッチを手に持ったメンバーが工場内部を歩き回り、改善指導を行う。機械や人員の配置をはじめ、生産工程におけるムダ、ムラ、ムリを排除して生産効率を高める取り組みだ。

パナソニック創業者の松下幸之助は、昭和40年代の高度成長に取り残された地方の過疎地問題の解決に協力すべきだとして、「1県1工場」の方針を打ち出した。そして、1968（昭和43）年には、最も人口減少の激しい鹿児島県への工場建設を発表。これを皮切りに、ほぼ全県に工場を建設した。現在はその役割を終え、1県1工場は解消されている。

章男の東北の〝第3の生産拠点〟づくりは、幸之助の1県1工場とは目的が基本的に違うとはいえ、その心は、いささか古い表現ではあるが、両者とも産業報国にあることは間違いないだろう。

その志を心に刻むかのように、章男は、毎年、震災が発生した3月11日の前後に東北を必ず訪れる。気配り、心配りを忘れない。

〝トヨタ王国〟の保証はない

他方、トヨタの東北進出の裏には、むろん、企業としての狙いが秘められていたのも事実だ。人口減少を背景に、人手不足は深刻だ。第1の拠点の中部地方、なかでも愛知県での労働力確保は限界にある。また、東海地震、南海トラフ地震に備えるため、リスク回避策として、東北地方に第3の生産拠点を築く狙いがあったのは間違いない。

TMEJは現在、アクアに加え、「シエンタ」「C－HR」など、年間約50万台を生産している。

もっとも、現実は厳しい。2020年3月期の国内生産台数の見通しは330万台だが、「石にかじりついても300万台」を死守したい章男の思いは、いつまで通用するのか。というのは、消費増税や米国発の貿易摩擦の影響が及ぶ懸念に加え、人口減少、若者のクルマ離れが進む中で、長期的に見た国内市場の縮小は避けられない。ましてや、カーシェア、ライドシェアが進展すれば、販売台数はさらに減少が見込まれる。築き上げてきた〝トヨタ王国〟がいつまでも続く保証はない。

「石にかじりつきながらリアルの世界を守ってきた。しかし、このまま日本国内の生産が減ってしまうようなら、正直、守り切れなくなる」

章男は、危機感を隠さない。

東北をモノづくりで救うという章男の思いは結実するのか。300万台を死守し、日本のモノづくりを守り続けられるのか。地域戦略の転換は、成功するのだろうか。

拡大路線から脱却する

章男が取り組む転換のなかで、最も難しいのは「急激な拡大」から「持続的成長」への価値観の転換、すなわち過去の成功体験からの脱却ではないだろうか。

1996年3月期のトヨタの世界販売台数は、約450万台だった。営業利益は3480億円。その後、急激な拡大路線が続き、リーマン・ショック前の2008年3月期には、販売台数は倍以上の943万台まで膨らんだ。営業利益は2兆2703億円と、7倍近くに増えた。

この拡大は、トヨタにとって成功体験にほかならない。章男は、社長就任前の急成長期について、反省を込めて〝量〟を求めすぎたと振り返る。

章男が問題視したのは、社員の考え方が、拡大路線に染まったことだ。つまり、台数の拡大こそが成長だと、錯覚してしまった。

トヨタは、急激な増産に対応するため、大量生産のラインを標準化し、世界中に工場を建設した。つくれば売れるという意識の下で、生産ラインを世界中に増やしていった。

生産ラインを検証して改善し、よりシンプル、コンパクトにし、効率性を追求するという考えは、片隅に追いやられた。そんな時間はなかった。また、増産を支えるため、組織の拡大が進み、人材育成に至っては、完全に後回しになった。

原価低減や収益改善は、それなりに進められたが、しかし、固定費の急増によって相殺された。販売台数だけは、ひたすら伸び続けた。収益構造は悪化したが、好景気と急激な販売増が、それらの課題を覆い隠した。

2008年9月のリーマン・ショックによって危機に陥るまで、トヨタは水膨れの肥満状態で、社内の空気や組織が緩んでいることにさえ気づかなかった。

生産量が落ちると、膨張した固定費は大荷物となり、トヨタの経営に重くのしかかった。日本の大半の自動車メーカーと同様にトヨタにとって、リーマン・ショックの時ほど大きく需要が減退した経験はそれまでなかった。したがって、需要減に対して無策だった。自動車市場の下方硬直性になすすべもなかった。

ただし、販売台数の減少は、実際には2割に満たなかった。にもかかわらず、巨額赤字に陥った。組織的〝ジャブジャブ〟状態でコスト意識が緩み、損益分岐点が上がってしまっていたからだ。実際、当時のトヨタの損益分岐点は、800万台をはるかに超えるレベルにまで膨らんでいた。

期間工の雇い止め、従業員の賞与カット、株価の下落による株主の損失、生産減によるサプライヤーの負担増、また、それによる地域経済へのダメージも大きかった。章男は猛省した。台数の拡大イコール成長ではないと。

「急成長しても急降下すれば、多くのステークホルダーの方々にご迷惑をおかけするということを痛感しました」

リーマン・ショック後、章男は事あるごとに語ってきた。

彼は、もともと副社長時代から、量的拡大を目指すオペレーションに疑問を感じていた。

最高益でも「意志ある踊り場」

わかりやすい話をすれば、リーマン・ショック前に26兆円あった売上高は、2010年3月期から2012年3月期まで3期にわたって18兆円台にとどまった。2兆円を超えていた営業利益は、同じく3期にわたって5000億円にも届かなかった。

「今年こそは平穏無事な1年を祈っている」

2012年3月期の決算会見の席上、章男は、期待を込めてそう話したものだ。

しかしその後も、尖閣問題の影響から中国で対日不買運動が発生し、クルマも影響を受けた。とても、新たな経営方針を打ち出せる状態ではなかった。何かを変えようにも、目前の危機を乗り越えるための改善策に手いっぱいだった。

経営引き締め策として、既存の工場・設備の有効活用、固定費抑制、適切なコストコントロールに努めた。足元のムダをそぎ落とし、筋肉質で柔軟な企業体質づくりに専念した。幸い、同年12月に第2次安倍晋三内閣が発足し、アベノミクスのおかげで円高是正が一気に進んだ。結果、2013年3月期決算で、5年ぶりの単独黒字を確保した。

さらに、翌2014年3月期のトヨタグループの世界販売台数は自動車史上初の1000万台突破を記録した。売上高25兆6919億円、営業利益は2兆2921億円で6年ぶりに過去最高を更新した。申し分のない業績だった。巨大組織だけに、20年間で緩んだ経営基盤を再整備するのに、実に数年を要した。

ところが、同年5月8日、決算会見の席上、章男は、意外な言葉を吐いた。

「今期は、意志のある踊り場です」

階段の途中にある踊り場とは、上ってきた人も、下ってきた人も、1度、自分の立ち位置を確認する場だ。踊り場という言葉には、冷静かつ客観的に過去を振り返り、未来を予測する意志が込められていた。

彼は、口を真一文字に結び、ニコリともしなかった。

実際、好業績は円安効果が大きく働いたためであり、いわば為替サマサマだ。「追い風参考記録に過ぎない」と喝破した。彼は前年にも、「3年間、新しい工場の計画を凍結する」という方針を明らかにしていた。なぜ、好業績を達成したにもかかわらず、2年連続でブレーキを踏むのか。会見に出席していた記者たちが、一様に疑問を抱いたのは当然である。

章男がブレーキを踏んだウラには、心の奥にしまってきたある思いがあった。

今の世の中、急成長をよしとする。「V字回復」「過去最高益」という言葉がもてはやされる。それが賢い経営や実力の結果であれば問題はない。しかし、追い風の結果であれば、逆風にさらされたときに経営が傾く可能性がある。

踊り場発言は、章男が熟慮したうえで出した結論だった。

持続的成長を言い続ける

章男は、トヨタがこれまで来た道と、これから進む道を、改めて見定めようとしている。それを踊り場という言葉に込めて伝えようとしたに違いない。

彼が新たに打ち出した方針は、持続的成長だ。リーマン・ショック後の大混乱を舵取りしてきた章男が導き出した、成長に関する見解である。つまり、身の丈に合った成長スピードを求め、アップダウンの激しい経営を否定する。彼の経営論の本質部分といっていい。

少しずつでいい、年輪を重ねるように、毎年増収増益を実現する。短期的な利益を追うのではなく、長期的な目線で長く緩やかな持続的成長を図る。その前提として「新工場計画3年間凍結」、「意志のある踊り場」発言が出た。市場やサプライヤー、従業員などのステークホルダーは、この章男の意志をどう受け取ったか。ネガティブに受け取られるリスクのある発言だった。

日本企業はバブル崩壊後の1990年代に、日本型経営にかわって株主重視の米国型経営手法を導入した。その一例がROE（自己資本利益率）の重視だ。しかし、トヨタは、安易に流行に走ることはなかった。

「シェアホルダーよりも、ステークホルダーを重視する。ステークホルダーによくすることが、結果的にシェアホルダーの利益にもなる」

と、章男は考える。

トヨタは、従業員、地域社会、仕入先、販売店、消費者の利益に重点を置く。

昨今、ROE偏重批判や株主至上主義のひずみ修正論、またESG投資（Environment＝環境、Social＝社会、Governance＝ガバナンスの3要素を考慮した投資）が注目されるようになったことは、トヨタの持続的成長の姿勢と整合する。

最大の難関は社員の意識の転換である。ひとたび緩んだ社員の意識は、そう簡単に右から左に変えられるものではない。だから彼は、持続的成長を言い続けるのだ。

米GE（ゼネラル・エレクトリック）の再建を成し遂げた元CEOのジャック・ウェルチは、自らの構想や戦略を社内に浸透させるため、「ワークアウト」「バウンダリーレス（境界なし）」「シックスシグマ」などの言葉を繰り返し唱え続けた。「8兆回繰り返した」といわれる。

章男が唱える持続的成長は、一見、コンサバティブで消極的な考え方とみられがちだ。しかし、実行には、大胆かつアグレッシブな戦略を必要とする。金融危機、未曾有の災害、また、思わぬところから業界を一新するような技術イノベーションが起きても、変わらずに成長を続けなければいけない。盤石な経営基盤の上に、時代に先んじた成長の芽をつねに育て続けなければならない。しかも、業績がよくても慢心せず、つねに新たな挑戦をし続けなくてはいけない。

「かっこ悪くてもいい。そのとき、そのときを生き抜くために尽くすことが、持続的成長になる」

と、章男は言う。

持続的成長のための仕組みをつくり、組織を整えたからといって、成長は持続しない。本当に持続的に成長を続けようとすれば、成長の方法もつねに変化しなければならない。

イミテーションからイノベーションへ

逆説的に聞こえるが、持続的成長にはイノベーションが不可欠だ。業績がよいときこそ、次の柱となるイノベーションに取り組む必要がある。業績が悪くなってから慌てるのは、愚の骨頂だ。つまり、成長の条件はイノベーションにある。日本企業は隘路《あいろ》から抜け出すためにも、イノベーションが求められるのだ。

イノベーションについて、章男は一家言を持っている。

「イノベーション、イノベーションと言っているから、イノベーションが出てこないんだ」

——これが、彼の持論である。

トヨタの歴史は、欧米の模倣から始まった。創業者の喜一郎は、初の国産乗用車の開発に当たり、1933年型「シボレー」を分解・調査して参考にした。つまり、イミテーションである。

イノベーションは、イミテーションから始まり、インプルーブメント（改善）の積み重ねにより生まれる。

「イミテーションで何が悪い！　インプルーブメントで何が悪いのか！　結果として、イノベーションにつながっていく変化を、トヨタに起こしていきたい」と、章男は考えている。これもまた、発想の転換だ。

原価低減とTPSを、まず基本動作として一人ひとりが身に付ける。イミテーションとインプルーブメントを重ねる先にイノベーションがあるというのが、章男の説くトヨタ式イノベーションである。

つねに挑戦を続け、絶え間ない成長をしていなければ、現状の立ち位置を維持することさえできない。それが、現在の自動車産業の厳しい競争環境に置かれたトヨタの現状だ。その点、彼の現状認識には、いささかのブレもない。

彼が見ているのは、20年先のトヨタの競争力だ。足元の数字いじりはしない。将来のための投資にも躊躇しない。明らかに時間感覚、時間軸が違う。

彼は、日頃からこう言ってはばからない。

「いま評価されるのではなく、20年後、50年後に評価されることを目指そう」

在任中に好業績を残すことに執着する短期志向のサラリーマン社長とは、基本的に時間軸が違っている。〝未来の先〟を見ているというか、先見性の上に経営がなされている。

トヨタの永続は、創業家である豊田家出身の章男にとって、切なる願いだ。50年後、100年後にもトヨタが成長する姿を思い描き、それを本気で目指している。

急成長がもてはやされる株式市場では、持続的成長は必ずしも高く評価されない。しかし、平成の失われた30年において、着実に成長を続けた企業こそ、ほかならぬトヨタである。章男は「興味がない」とそっけないが、売上高は2019年3月期に日本企業で初めて30兆円を超えた。営業利益は約2兆4000億円と高い水準だった。章男の持続的成長に学ぶべきことは少なくない。成長至上路線に一石を投じたのは間違いないだろう。

マツダを〝先生〟にクルマづくり

章男が試みた転換は、クルマづくりについてもいえる。大量生産大量消費時代のクルマづくりから、少量多品種をできるだけ高効率に開発、生産するためのクルマづくりへと転換を図った。「もっといいクルマをつくろうよ」がそれだ。

私は、トヨタのある役員から、次のような言葉を何度聞かされたかわからない。

「マツダに比べると、うちのクルマづくりは緩い。このままではトヨタは危ない」

猛烈な危機感だった。王者の余裕はなかった。

「もはや、ちょっといじって変わるレベルではなく、大きく、骨格からすべてやり直す必要がある」

と、章男も語っている。

トヨタは、リーマン・ショック後、クルマづくりの思想を抜本的に見直す「TNGA（トヨタ・ニュー・グローバル・アーキテクチャー）」に踏み切った。

トヨタのTNGAに匹敵するのは、マツダの次世代技術である「SKYACTIV（スカイアクティブ）技術」だ。

トヨタはあるとき、マツダを〝発見〟した。それは、日本のモノづくりを根底から変えるドラマの始まりであった――。

実は、日本のモノづくりの代表選手のトヨタが今日、先生として崇《あが》めるのはマツダだ。「大」が「小」に学ぶ図式といえよう。いや、そんな単純な話ではない。

章男は2015年5月13日、マツダとの業務提携に向けた基本合意の記者会見で、次のように語った。

「マツダさんは、まさに私たちが目指す『もっといいクルマづくり』を実践されている会社であり、今回の提携によって、私たちは多くのことを学ぶよい機会をいただいたと、感謝しております」

なぜ、年間世界販売台数160万台規模のマツダが、1000万台規模のトヨタの先生役になるのか。

「小」のマツダは、企業規模からいって、単一車種でラインをフル稼働させられないスモールプレーヤーだ。部品の共通化のメリットも十分に享受できない。マツダが多品種少量生産に活路を見出そうとすれば、「大」のトヨタのように1車種を大量生産する大手メーカーとは、一味も、二味も違った工夫が求められる。

マツダは2006年、車両の大幅な改善を目指して、エンジンやトランスミッション、プラットフォームの見直しをスタートした。世界にない革新的な技術を搭載したクルマを実現する「モノ造り革新」だ。スカイアクティブのスタートである。

リーマン・ショックの際、開発、生産など多くのプロジェクトにブレーキをかけたトヨタに対し、マツダはリスクを取って、前へ進んだ。トヨタとは正反対の対応だ。モノ造り革新に思い切ってアクセルを踏み込み、新たなクルマづくりに挑戦したのだ。

以下、マツダのスカイアクティブと比較しながら、トヨタのＴＮＧＡの進展具合、成功度合いを検証してみよう。

ＴＮＧＡで設計思想を見直す

年間世界販売台数が1000万台に近づくと、その会社の経営が揺らぐというジンクスが、自動車業界にはある。壁といっていいし、罠《わな》と呼んでもいい。

年間販売台数1000万台は、規模のメリットを生む。しかし、ビジネスのレベルは格段に複雑かつ高度化する。

つまり、異次元の競争である。それには、まったく異質な「Ｏ＆Ｍ（オペレーション＆マネジメント）」が求められる。つまり、新しいモノづくりだ。

章男が提唱する「もっといいクルマをつくろうよ」は、長年にわたって温めてきたテーマである。右肩上がりの高度経済成長時代のモノづくりから、低成長時代のそれへの転換だ。

たとえば、欧州と北米のカローラは、それぞれプラットフォームを保有するが、地域ニーズに対応するには、各プラットフォームに手を入れざるをえない。現地対応のたびに図面変更が行われ、開発工数が増えていった。

低床、中床、高床といったボディータイプ、ホイールベース、サスペンション形式の違い、駆動形式、ハイブリッドシステムの有無といった個々の商品への対応などによって、その数はどんどん増える。ピーク時、トヨタのプラットフォームの数は、商用車を含めると約23種類。さらに、派生車に対応するため、その数は実に約100種類に上った。

同様に、エンジンの種類も、基本型式16種類に加え、排気量・駆動の違いをはじめ、各地域の規制などにより、品番数は約800に及んだ。このほか、ラジエーター、エアクリーナーなど、意匠にかかわらないプラットフォーム関係部品数も、軽く50を超えた。

とりわけ、トヨタが頭を抱えたのは、新興国向けのクルマだ。国ごとにニーズや消費者から求められる機能は多様で、ひとくくりにはできない。とはいえ、個別に専用車種を開発すれば、開発費は膨らむ。

リーマン・ショック前であれば、このように、開発工数が急増し、固定費が増大しても、軽くクリアすることができた。しかし、リーマン・ショック後の大幅な需要減により、膨れ上がった開発費をカバーできなくなった。厳しい円高も、それに拍車をかけた。

章男の社長就任後、「もっといいクルマをつくろうよ」という呼びかけに対して、エンジニアが示したソリューションの1つがTNGAだった。それは、マツダのスカイアクティブと似た考え方を持っている。トヨタは、TNGAの下で、設計思想の根本的な見直しに取り組んだのだ。

まず、走る・曲がる・止まるの基本性能を高めるために、ドライバーの最適な座り方と、人間工学的に優れたシートを追求した。シートに座ったときのドライバーの足首角、ヒップ角、頸椎《けいつい》角などについて、それぞれ望ましい角度を定義し、統一した。メーターや各スイッチの配置、また、デザイン的に優れたボディーの骨格、構えなどを検討した。

トヨタのクルマは、長年にわたって米国市場を主要ターゲットにしてきた結果、SUVに限らず、セダンも車両が大型化し、車高が高くなってしまっていた。デザインは自由度を失い、欧州車に比べて見劣りした。重心を低くすることは、TNGAの重要なテーマとなった。

TNGAは、トヨタがこれまで得意としてきた、一般的な原価低減とは、次元の異なる抜本的な取り組みだ。すべてを、TNGA仕様に模様替えすることが求められた。開発の現場は、大混乱に陥った。

その混乱ぶりは、ガズーレーシングのオフィシャルページで配信された「TNGA STORY」というドキュメンタリー風のドラマを見るとよくわかる。わずか数分の動画ながら、出演者は、佐藤浩市、三浦友和、黒木華、永作博美といった華麗なるメンバーだ。彼らの間で、次のような会話が交わされる。

「車高を低くすれば、デザイン領域が広がって、面白いクルマが生まれやすくなる」「サルでも知ってる」――。

「プラットフォームのパーツはすべて小さくする。しかも、以前より必ず性能を向上させろ」「一からやり直しですか」「ゼロから」――。

そして、「非常識だけが次の常識になる」「開発は喧嘩だ」など、トヨタらしからぬ攻撃的な警句の赤字がデカデカと画面に登場する。

実際の現場の混乱は、動画以上に深刻だったのではないか。

TNGAは、サプライヤーにも甚大な影響を与えた。部品のバリエーションが100種類から20種類に減れば、部品メーカーは、対応を迫られる。なくなる部品や、共用化された結果、他社に奪われる部品も出る。サプライヤーは、もはや、系列に安住するわけにはいかない。トヨタがサプライヤーに求めるのは、依存ではなく、〝共存共栄〟なのだ。

クルマを賢くつくるためには

マツダは、2006年以降、モノ造り革新を掲げ、理想の工程を追求する「フレキシブル生産」とともに、10年後に世界一を狙える技術を「一括企画」として開発。さらに、理想の特性を追求してヨコ展開する「コモンアーキテクチャー」を打ち出した。

セグメントを超えて、すべての車両を同じ思想で開発するのが一括企画だ。少量生産でありながら、スケールメリットを生み出すための方策である。車種の多様性を維持しつつ、大量生産並みのコスト削減を実現するなど、新たな技術や部品によるコスト増を吸収するための画期的な開発手法だ。

マツダは12年の「CX－5」以降、新型「アテンザ」、新型「アクセラ」など、スカイアクティブ技術搭載車を世に出した。

その点、トヨタがTNGA第1号として新型プリウスを発売したのは2015年だ。トヨタの新しいクルマづくりは、マツダに比べて3年遅れたことになる。

背景には、企業規模の問題がある。企業の大きさは長所でもあるし、弱点でもある。とくに、巨大企業は、下方硬直性があり決定的に対応力を欠く。マンモスタンカーの転回に時間がかかるのと同様、フルラインメーカーのトヨタは、短時間での方向転回は困難だ。トヨタには、年間1000万台規模を生産・販売する、世界一の自動車メーカーという自負がある。TPSに基づく自分たちのクルマづくりこそが、最も優れていると信じている。しかし、トヨタはリーマン・ショックを受けて、変わらざるをえない。

対して、販売台数160万台規模のスモールプレーヤーのマツダがグローバル市場を生き残るためには賢いクルマづくりを追求するしかなかった。その取り組みには、優れた点が多々あった。資金不足ゆえに背水の陣を敷き、徹底的にモノ造り革新を突き詰めていたのだ。

その点、トヨタは何台も試作車をつくっては問題点をチェックし、改善する作業を繰り返してきた。リアルの試験を何度も繰り返せば、膨大な開発コストがかかる。試作車の製作費は1台1億円以上といわれる。時間もかかる。結果、開発期間が延びる。

マツダが打開策として取り入れたのが「モデルベース開発（MBD）」である。

バーチャルシミュレーションを用いた設計、検証によって効率的に量産化につなげるための手法だ。さまざまな部品の設計データを組み合わせて、コンピューター上のバーチャルな空間で試作と実験を行い、仕上がりを確認する。デジタル開発だ。これによって、徹底的に試作の回数を減らした。

検証作業では、「CAE（コンピューター・エイデッド・エンジニアリング）」を用いる。たとえば、エンジン燃焼実験には、それまで何カ月もかかったが、この手法によって、わずか3日で済むようになった。トヨタも、MBDに取り組んできたが、トヨタには、何事も慎重を期する文化がある。マツダがMBDを一気にヨコ展開し、試作を最小限に減らしていったのに対して、トヨタは部分的な取り組みにとどまった。試作を完全にやめることはできなかった。

経済産業省は、マツダが先頭を走るMBDを、製造業のサプライチェーン全体に普及させる計画だ。すり合わせを実機で行うのではなく、バーチャルシミュレーションで行うことにより、産業全体の競争力を底上げする構想である。ＩｏＴと並び、新時代のモノづくりの開発手法といっていい。

開発リードタイムは、マツダが2年半とすれば、トヨタは3年といわれている。しかし、開発の遅れは、単純に半年では済まない。

マツダは現在、車種が少ないこともあって、スカイアクティブの第2ステージに入っている。これに対して、トヨタは、２０１５年の新型プリウスからＴＮＧＡへの切り替えが始まったものの、車種が多いことから、第２ステージに入るのにまだ7年から8年かかると考えられる。その間に、マツダは2サイクル回ると予想される。

章男は、前出の記者会見の席上、こう語っている。

「スカイアクティブは、私どものＴＮＧＡの1回り、1周ほど先を走っている可能性があります。大変参考になり、勉強させてもらっている点が多々あると考えています」

トヨタは２０２０年までに、販売するクルマの約半数をＴＮＧＡモデルにする計画だ。

ただ、ＴＮＧＡの活動が基本構想どおりに進んでいるかというと、必ずしもそうではない。現在のところ、期待していたほどのコスト削減効果は得られていないなど、誤算がある。

事実、ＴＮＧＡ適用の新型「カローラ スポーツ」は、安全装備などさまざまな機能を追加するにつれ、むしろ価格が上昇した。

「もっといいクルマづくりは定着してきたが、クルマを賢くつくるという点ではまだ、改善の余地がいっぱいある」

と、章男は吐露する。

ＴＮＧＡが未完なだけでなく、挑戦は緒に就いたばかりで、トヨタのモノづくりは道半ばである。

そして、トヨタとマツダの物語は、まだまだ続く。

成長のあり方、クルマづくりと、章男は、次々と大胆な転換を図った。クルマの骨格だけでなく、トヨタのモノづくりの骨格そのものをつくり変えていったのだ。

第9章　発想――上から目線を廃す

部室のような驚愕の社長室

「トヨタ自動車はアライアンス（提携）の下手な会社だ」と、豊田章男は公言してはばからない。現に過去、いすゞ自動車や米テスラとの提携に失敗している。

しかし、トヨタは今、カーメーカーから「モビリティカンパニー」への進化を掲げている。それには、単独では限界がある。他社との提携なしに、それは実現できない。それどころか、生き残れない。思い切ってアライアンス、仲間づくりを図らなければならない。

「トヨタがアライアンス下手なのは、上から目線だからだ」と、章男は述べる。であるならば、上から目線を改めることだ。明日を生き抜くため、トップが率先して動くことである。

章男は、現副社長で技術畑を預かる寺師茂樹にこう語った。

「将来を見据えて、もっとオープンにアライアンスがやれるように考えようじゃないか」
とはいえ、章男が目指したアライアンスは、他社とは根本的に異なる。支配や規模の拡大が目的ではない。志を同じくする者同士の連携関係である。そのケースをマツダとの関係に見ることができる。

章男が現マツダ会長の小飼《こがい》雅道と初めて1対1で会ったのは、小飼がマツダ社長に就任して約半年、2013年末のことである。

小飼は、豊田市にあるトヨタ本社を訪れた。当時、自工会会長を務めていた章男に、同年秋の東京モーターショーにおけるマツダの取り組みを報告するためだった。

小飼はもともと、トヨタとは妙な縁があった。長野県茅野市出身で、1970年に旧トヨタ自動車販売が交通安全を祈願して建立した蓼科山《たてしなさん》聖光寺《しょうこうじ》が近所にあった。桜の名所として知られる聖光寺には、母親と一緒に花見に行った思い出がある。

小飼は東北大学出身だ。東北大は、トヨタ創業者の豊田喜一郎が前身の旧制第二高等学校で、また章男の父・章一郎も同大学院で学んだ。小飼は同大工学部機械工学科で学び、1977年に東洋工業（現マツダ）に入社後、生産技術畑を歩んだ。

大野耐一の『トヨタ生産方式』を熟読し、生産工程のネックの改善、カンバン方式などをマツダの工場に導入した。トヨタの工場には何度も足を運び、見学した。「トヨタのまねっこですよ」と、彼は笑う。

小飼が、トヨタ本社を訪問するのは初めてである。緊張しながら、章男の待つ社長室に入室し、その雰囲気に驚愕した。

普通の社長室ではなかった。「社長室を大学の部活動の部室のようにしたい」という章男の言葉どおり、室内はオモチャ箱をひっくり返したかのように雑然としていた。

よく観察すると、壁にはスポーツカーやレースのポスター、自動車業界の著名人と撮った写真などがびっしりと飾られている。かと思えば、棚にはモデルカーはもとより、モリゾウ人形やレクサスのクルーザーのレプリカ、レーシングヘルメットなどが所狭しと並べられている。応接テーブルを囲むいすの背もたれのカバーは、ソフトボール部、陸上部など、トヨタの各スポーツチームのユニホームだ。およそ、一般的社長室のイメージとは懸け離れていた。

圧倒され、呆然としている小飼を、章男は各社のミニカーが整然と並べられている一角に招き、こう言った。

「小飼さん、ここにマツダのクルマがないんです。次に来るときに、持ってきてくださいね」

緊張している小飼をリラックスさせるための心配り、気遣いだった。

このときから、2人の胸襟を開いた付き合いが始まった。会談の最後に、小飼はこう言った。

「ぜひ、1度、ウチの会社にお越しください」

「ハイ、行きますよ」

と、章男は気軽に答えた。

年を越した2014年春、「あのう……、豊田社長に、わが社に来ていただけるという話でしたが、どうなっていますでしょうか……」と、マツダからトヨタに問い合わせが入った。応対したのは、2人の会談に同席した寺師である。

「たぶん、社長は、工場見学をして、会議室で説明を聞くということは好きではないでしょう」と話したうえ、無理難題かと思ったが、次のような提案をした。

「テストコースで、御社のチーフエンジニアが同乗して、マツダさんのクルマとか、ウチのクルマとかに乗って、ああだこうだ……と議論するということであれば、お邪魔するかもしれません」

「わかりました。1度検討させてください」

「僕も、1度、社長に聞いてみます」

と、寺師は答えた。

驚くべきマツダの走行評価法

章男は、マツダの招待を受けることにした。

呼ばれたのは、広島の本社ではなく、山口県美祢《みね》市にある試験場だ。当日、マツダの役員や技術者はレーシングスーツ姿で出迎えた。粋な計らいに、モリゾウこと章男が喜ばないはずがなかった。

章男も、当然のようにレーシングスーツを着用した。応対したのは、マツダの操縦安定性能開発部主幹エンジニアの虫谷泰典だった。彼は、章男に会うなり、殺し文句を口にした。

「モリゾウさんと呼んでいいですか」

「ああ、いいよ」

異論があるはずはなかった。

虫谷は、マツダのサッカー部（サンフレッチェ広島の前身）に入部したが、Jリーガーになる道を捨て、テストドライバーを経てエンジニアになった異色の経歴の持ち主だ。

「僕たちがどんなふうにクルマを評価しているかをお見せしたいのですが、よろしいでしょうか」

と、虫谷は提案した。

章男がステアリングを握り、助手席に虫谷、後部座席に同行した寺師が乗り込んだ。サーキットに出るのかと思っていたら、虫谷は章男を構内路へと誘導した。そして、低速域におけるクルマの挙動のレクチャーを開始した。

章男は、年間200台以上のクルマを運転する。レースの出場経験も豊富で、トヨタのマスタードライバーを務める。その章男に対して、いい度胸である。

章男は、虫谷に言われるままにトヨタ車とマツダ車を比較して運転した。時速20～30キロメートルというノロノロ運転だ。虫谷はその間、助手席から走行中の挙動や振動について「違うでしょう?」と、章男に確認した。

実際、低速でカーブを曲がると、違いがよくわかった。マツダのアクセラは、アクセルを踏みながらカーブに入ると、きれいに曲がった。トヨタの先代のプリウスは、曲がる際、微妙に外に流れた。

「なるほど、こんな評価の仕方があるのか」

と、章男は言った。

章男は、終始、神妙な面持ちで虫谷の話を聞き、時に質問をした。肩書にかかわらず、誰の話であっても真剣に耳を傾ける。

「われわれは、本当に失礼なことをしたと思います」

と、小飼は振り返る。虫谷が言いたかったのは、日常使う速度域できちんとつくり込まないと、乗って気持ちのいいクルマにはならないということだ。

「僕らはもっといっぱい勉強することがあるよね」

と、章男は言った。

章男は、クルマの良しあしというより、マツダのエンジニアのこだわりに感心した。

後日談がある。当時、トヨタはレクサスの威信を懸けて、ラグジュアリークーペのレクサス「LC500」の開発に取り組んでいた。章男は、開発中のレクサスに試乗して評価する際、サーキットをハイスピードで走ることが多かったが、あるときから、〝町乗り〟並みの低速域の評価も重視するようになった。

驚いたのは、LC500の開発責任者を務めていた、現レクサスインターナショナルのプレジデントの佐藤恒治である。突然、ノロノロ運転を始めた章男に、「社長、どうしちゃったんだ?」と、不安になった。現実に、高速で運転すれば安定する挙動が、低速ではおぼつかなかった。トランスミッションの動きがぎくしゃくしていると感じられた。見過ごされていた詰めの甘さが見えたのだ。

「こういうところだよな」

章男の一言に、佐藤は、低速域の挙動の改善対応に追われた。

章男とマツダの技術者の接点は、まだ続きがある。

翌2015年、章男は、マツダの広島県三次《みよし》市の試験場に招かれた。

その朝、小飼がコースに到着してみると、すでにモリゾウは、レーシングスーツ姿で、マツダ「ロードスター」に乗ってサーキットを飛ばしていた。両者のトップ同士の付き合いは、その後、一気に深まっていった。

両社の首脳たちは、水面下で名古屋、広島と場所を変えながら、定期的に会合を重ねた。出席したのは、トヨタからは章男と寺師、マツダからは小飼と現社長の丸本明の4人だ。

そのなかで、月に1度ないしは数カ月に1度、必要に応じて、実務担当のチームも入って、さまざまな側面から業界の抱える課題などの検討を重ねた。この過程で、両社の首脳の信頼関係は深まった。

アライアンス下手の原因

２０１５年５月13日、両社は包括的業務提携に踏み切った。章男と小飼の２年以上にわたる協議の成果である。トヨタにしてみれば、苦手としたアライアンスの克服だ。

提携発表会見では、共通の目的として、「クルマが持つ魅力そのものを向上させること」が挙げられたが、記者たちの関心はもっぱら、トヨタによるマツダへの資本参加だった。両首脳は「仮定の話はしません」と語った。

章男はマツダを、「志を同じくし、尊敬し合える同志」と話し、「互いの人、技術、文化を尊重し、知恵を出し合い、お互いに汗をかく、実直で中長期的な協業を提携のスタンスとする」と強調したうえで、次のように語った。

「規模よりも、目に見えないクルマづくりに対するマツダの志、すなわち『人馬一体』『スカイアクティブ』『魂動《こどう》デザイン』は、私どものＴＮＧＡにものすごく参考になります。規模を通り越して、いろいろと学べるものがあると思っています」

トヨタによるマツダの〝発見〟の続きだった。

マツダには、約40年間にわたる米フォード・モーターとの業務資本提携の経験がある。小飼は、アライアンスについて、一家言があった。

「提携は、相手先から期待される役割を果たせなければ、失敗する。協業というのは大変難しい。私どもは、フォードの傘下に入ったとき、さんざん学びました。全力投球して役割を果たさないと、うまくいきません」

とはいえ、マツダには1つ問題があった。包括的業務提携へと踏み切るに当たり、小飼は章男にある依頼をした。

「包括提携を結ぶと、マツダの役員や社員の中から、トヨタとやる必要はない、自分たちだけでできるという声が絶対に出てきます。それをマスコミが取り上げて、御社にご迷惑をかけるかもしれない。ただ、そのことは、どうかご容赦いただきたいんです」

巨大なトヨタと提携するとなると、マツダの技術者は、心中穏やかではない。実際、社内には、「トヨタが攻め込んできた」「トヨタにのみ込まれる」と感じた社員が少なからずいた。小飼の元には、社員から「この先どうなるのか」と、不安を訴えるメールが何通も届いた。

「そんなことは、まったく問題ではありません」

と、章男は明言した。

むしろ、課題はトヨタにあるとして、こう言った。

「心配なのは、トヨタの上から目線です。ウチはいつもそうなんです。だから提携が下手なんですよ。マツダさんは、絶対に下から目線にはならないようにお願いします。対等でいきましょうよ」

章男は、かねて、上から目線がトヨタのアライアンス下手の原因と考えていた。

トヨタが資本参加に踏み切ったのは、包括提携から2年後だ。2017年8月、両社は業務資本提携の合意書を締結した。トヨタはマツダに500億円を出資して同社株の5・05%を取得。マツダはトヨタに対等の500億円を出資して同社株の0・25%を取得した。

それは、マツダのトヨタグループ入りを意味したものではなかった。ブランドの独自性および経営の自主独立性を維持し、互いの人と文化を尊重し、切磋琢磨し、競い合いながら提携を進めることを基本精神とした。アライアンスそのものだった。章男は、その精神を示すべく、ある行動に出た。

ホンダも包み込むモビリティの仲間づくり

業務資本提携の約1カ月後、章男は、アポなしで、広島のマツダ本社を訪れた。事前に連絡すれば、相手は準備に奔走して迷惑をかける。サプライズで訪れたのは、章男の気配りだ。

章男は、マツダ社内の開発やデザインの現場にドンドン入り込み、社員に話しかけ、言葉を交わした。

「章男さんの徹底的な現地現物主義を感じましたね。自らマツダに足を運んで、マツダの人間に会って、理解して、感じ取ることを重視されるんでしょうね」

と、小飼は述懐する。

トヨタとマツダの業務資本提携の翌月、両社はデンソーとともに、ＥＶ（電気自動車）のプラットフォーム開発を手掛ける「EV C. A. Spirit（略称ＥＶキャス）」を設立した。その後ＳＵＢＡＲＵ、スズキ、ダイハツ工業、日野自動車、いすゞ自動車、ヤマハ発動機が加わり、章男の言うところの「愛がつくモビリティにこだわり続けるクルマ屋同士の連携」を進めた。

さらに、トヨタの仲間づくりは、着々と進む。寺師は、副社長で番頭役の小林耕士のことを〝お困りごと相談所〟と呼び、「あの会社がこんなことをやっているけど、一緒にやれないだろうか」などと、案件を相談する。提携担当の小林は、寺師の申し出に対応する。

たとえば、こんな成果がある。２０１８年９月には、ソフトバンクとの合弁会社「MONET Technologies（モネテクノロジーズ）」を設立した。リアルのモノづくりが強みの自動車メーカーは、プログラミングやソフトウェアを強みとするソフトバンクのようなテック企業と協業しなければ、ＭａａＳを実現することはできない。

モネテクノロジーズには、翌２０１９年３月、ホンダと日野自動車、６月マツダ、スズキ、ＳＵＢＡＲＵ、ダイハツ、いすゞがそれぞれ参画した。

トヨタとホンダは過去、Ｆ１をはじめとするモータースポーツはもちろん、販売台数、ハイブリッド車や燃料電池車の技術開発など、あらゆる面で、ライバルとして競い合ってきた。その両社の関係からすると、ほぼありえないアライアンスといっていい。

「業界として、やりたいことはたくさんある。だったら協調してやればいいというわけで、みんなが親しくなっちゃったんですよ」

と、小林はアライアンスについて語っている。

トヨタのオープン化は、いまやライバルだったホンダさえも包み込むほど深化しているのだ。

「トヨタさんは、以前は、時に傲慢に見えましたからね。昨今のオープン化は信じられません」

そう語るのは、前出のパナソニック専務の樋口泰行だ。

トヨタ社員が過去、取引先に対して、〝待たせる〟〝威張る〟など傲慢な態度だったという話は、至る所で耳にした。徹底した上から目線だったが、「いまは違ってきている」として、樋口はこう語る。

「トヨタは近年、すごい利益を出しているのだから、傲慢になってもいいが、まったくそうならない。むしろ謙虚になっている」

モビリティの仲間づくりの成功は、トヨタが上から目線を脱することができるか否か、すなわち発想の転換にかかっている。

カンパニー制で〝ヨコ〟への転換

発想の転換は、対外的な側面ばかりではない。社内の組織のあり方についても、新発想が求められる。

企業には、組織改編がつきものだ。成長し、規模が大きくなれば、当然、それに見合う組織に編成し直す必要がある。成長度合い、経営環境、技術の進展などに合わせて、最適な姿をつねに模索し続けなければならない。

トヨタは、ほぼ10年単位で組織改編を試みてきた。たとえば、バブル絶頂期の1989年、いち早くバブル期に膨れ上がった組織の危機を察知し、フラット化と呼ばれる組織改正を行った。課長職を廃止し、プロジェクトマネージャー制を導入した。さらに、1990年以降、クルマづくりのスピードアップのため、技術部門を4つの「開発センター」に分割再編し、組織の活性化を図った。

ところが、スリム化された組織は、2000年代初頭の成長路線を経て、再び膨らみ、重くて遅い組織になった。

章男は、社長に就任して3年目の2011年に「地域主体経営」、2013年に「ビジネスユニット制」を導入した。しかし、年間世界生産・販売台数1000万台の規模を抱えつつ、章男の目指す「もっといいクルマづくり」を推進する組織体制としては不十分だった。依然として、機動力に欠けていた。

彼は、思い切って発想の転換を図った。２０１６年4月、組織単位を小さくし、問題を素早く解決するため、カンパニー制を導入した。２０１８年5月の決算会見で、彼は、カンパニー制導入の意味を次のように説明した。

「トヨタ全体を象にたとえると、象の足ばかり見ている人、鼻ばかりの人、尻尾ばっかりの人などがいて、それぞれ専門家ではあるが、象を動かすのはあくまで社長1人になってしまっていた。カンパニー制を導入して、いくつかの小さい象をつくった」

つまり、トヨタは、あまりにも巨象になりすぎた。自由が利かなくなった。カンパニーという〝ミニ象〟をいくつか誕生させれば、現場に近いリーダーが、即断即決で必要な手を打つことが可能だ。組織を動かしやすくなって、顧客のニーズに素早く対応できる。そこで、独立性の高い複数のミニ象すなわち〝ミニトヨタ〟をつくる組織改革に挑んだのである。

具体的には、「レクサス」「乗用車（ミッドサイズ）」「小型車（コンパクト）」「商用車（コマーシャルビークル）」という製品ごとの4カンパニーに加えて、「先進技術開発」「パワートレーン」「コネクティッド」という技術軸の3カンパニーの計7社を立ち上げた。

その特徴をいえば、これまで開発、生産など「機能軸」で分かれていたタテ型組織を、クルマのサイズや種類など「製品軸」で分け直し、ヨコ型組織にした。機能軸から製品軸へと根本的に発想を変えたのだ。タテからヨコへの、まさに発想の転換である。

あまりにも緩く、重く、遅い組織

カンパニー制とは、会社の中にカンパニーと呼ばれる疑似的な会社を設立し、カンパニーごとに事業投資の意思決定などを行う仕組みである。プレジデント（社長）を筆頭とする経営チームに、貸借対照表に対する責任を持たせるほか、一定額までの投資判断、人事など、ヒト、モノ、カネの経営資源に関する権限を委譲する。つまり、カンパニーのプレジデントが自らの判断で経営の意思決定を行う組織体制に組み替えた。

もっとも、ソニーが１９９４年にカンパニー制を導入して以来、多くの日本企業がカンパニー制を採用してきたが、東芝やシャープなど、失敗した会社は山ほどある。

にもかかわらず、章男がカンパニー制導入に踏み切った背景には、マツダやＳＵＢＡＲＵ、ダイハツに対するベンチマークがある。これらの企業と比較して、トヨタはあまりにも組織が緩く、重く、遅い。

「マツダは、なぜモノづくり革新ができるのか」「ＳＵＢＡＲＵは、なぜ面白いクルマがつくれるのか」「ダイハツは、小型車しかつくっていないのに、なぜ利益が上がるのか」――といった疑問を、章男は社長就任５年後の２０１４年ごろから、役員に対してしきりに口にするようになった。

どうすれば、トヨタもマツダやダイハツのようなクルマづくりができるのか。その答えの1つがカンパニー制だったのだ。ただし、彼が導入したカンパニー制の考え方は、他社のそれとは一線を画する。トヨタ流カンパニー制である。

前述したように、トヨタは従来、機能軸が強みだった。それぞれの専門領域を深掘りすることで、全体の競争力強化を図ってきた。ところが、機能軸が行きすぎた結果、弊害が出てきた。各機能は、それぞれが独自の哲学のもと強い発言力を有するようになった。その結果、自己主張の強い各機能間の調整や説得に多くの時間を要し、「もっといいクルマづくり」に向かうべきエネルギーの多くが社内調整に浪費された。これは、どの企業も抱える機能軸、すなわちタテ型組織の宿痾《しゅくあ》である。

直噴ガソリンエンジンの開発で後れを取ったのは、その一例だ。

トヨタの開発部隊は、エンジンのフラッグシップはハイブリッドだとして、直噴ガソリンエンジンの開発に積極的ではなかった。これに対して、マツダは、スカイアクティブで世界一の高圧縮比を達成し、燃費と低中速トルクを従来比で15％改善した新世代高効率直噴ガソリンエンジンを開発していた。

「トヨタは、直噴ガソリンエンジンの開発で、後手に回った」と、寺師は語る。

誇り高いトヨタの技術者は、機能の理屈や論理を通せば、さまざまな問題を解決できると思い込んでいる。ましてや頑張って最善を追求すれば、望ましい結果が必ず得られると考える。そして、営業や生産など他の機能に対し、いかに自分たちが正しいかを理解させることに時間や労力を費やした。しかし、パラダイムは変わった。機能軸が強すぎることが弱みとなって、直噴ガソリンエンジンの例のように出遅れを招いてしまった。

章男は、機能間の調整に費やす時間を減らし、意思決定の迅速化を求めた。「もっといいクルマづくり」を柱に据えた「仕事の進め方」改革を推進した。

また、製品軸で、企画から生産まで一貫したオペレーション体制を整え、各カンパニーの収益を見える化した。見える化すれば、改善すべき点が洗い出される。従業員の収益意識の向上、コストに対する意識づけも図れるわけだ。

独り立ちしたレクサス

トヨタは、中小型車の収益力が弱い。欠点だ。「クラウン」「レクサス」など、利益率の高い大型車の収益で中小型車事業を支える構造が、長年にわたって続いてきた結果である。

社内では、それは当然のこととして受け止められ、疑問視されず、改善されなかった。

世界市場でも首位を争う販売台数を誇り、利益率も8％台で大手のなかではず抜けているから、危機意識を持てない。中小型車の分野は、まさしくトヨタの弱点だった。

トヨタは、組織を改正し、仕事の進め方を変えた。2016年1月、苦手とする中小型車領域のノウハウを獲得するため、ダイハツを完全子会社化した。どの企業でも、団結力を誇るグループ会社を完全子会社化するには、相当の腕力が必要だ。

そして、トヨタは同年10月4日、ダイハツと「新興国小型車カンパニー」の設置を発表した。新興国向け小型車の企画から生産準備までを担うカンパニーだ。

トヨタはこれまで、開発においておカネに苦労することがなかった。1車種当たりの生産台数が多いトヨタは、他社の2～3倍の開発費を使っても、台数当たりで計算すると、いかにも競争力があるように思えた。

おカネのない会社は、そうはいかない。猛烈に知恵を絞らなければならない。ただ、トヨタにしても、未来に向けた莫大な投資が必要となるなかで、おカネに頼る過去の手法はもはや通用しない。そこで、ノウハウをダイハツから学ぼうとした。トヨタは、エンジニアや経理の原価担当者らをダイハツに出向させた。

さらに、新興国小型車カンパニー設置発表の約1週間後の10月12日、トヨタは、スズキとの提携検討開始を発表した。

トヨタは現在、小型車の社内カンパニー、完全子会社化したダイハツ、さらにダイハツとの協業の新興国小型車カンパニーと、複数の組織で並行してコンパクトカーをつくる。加えて、スズキにも出資する。

「社内外で競争をさせ、エンジニアに緊張感を与えて、プレッシャーをかける。鬼のような仕事でしたよ」

と、寺師は語る。

章男は、その目的を、次のように考えていた——。

コンパクトカーを担当するカンパニーがお互いをベンチマークすれば、より賢いつくり方を学ぶことができる。さらに、より大きいクルマを担当するカンパニーとコンパクトカーを担当するカンパニーが競争すれば、トヨタのクルマづくりはより軽く、より低コストにできる。そればかりか、カンパニー間の切磋琢磨は、それぞれのカンパニーの個性を際立たせることにもなる。

一例は、高級ブランドのレクサスだ。トヨタは2012年6月、カンパニー制に先行して社長直轄組織、レクサス・インターナショナルを設立した。社長直轄組織にしたのは、越えなければいけないハードルがあったからだ。そのハードルとは、トヨタからの独り立ちである。

レクサスは当時、誕生して25年が経っていたが、いっこうに思うようなブランドに育っていなかった。「おおッ」と声を上げたくなるようなサプライズがなかった。「トヨタ車のエンブレムをレクサスに変えただけ。退屈なクルマだ」と、悪口をいわれた。

にもかかわらず、レクサスは、トヨタ本体に寄りかかって危機感が希薄だった。ブランド確立に向けて、試行錯誤をしていた。迷いを断ち切るには、独り立ちが必要だと、章男は判断した。

実際、独立組織としたことによる成果の1つが、2016年1月の米デトロイトモーターショーで発表された約1300万円のラグジュアリークーペ、レクサスLC500である。先鋭的で斬新なデザインが話題となった。

開発責任者を務めた佐藤恒治は、2012年に同車のコンセプトカーを発表した段階で、章男に「市販車として実現するのは難しい」と伝えていた。しかし、章男からは「だからこそ、レクサスとして挑戦するんだろう」と、ハッパをかけられた。

個性的で斬新なデザインを埋没させず、商品化につなげられたのは、レクサス・インターナショナルが、小回りの利く、自由度の高い組織となったことが大きかった。〝ミニ象〟すなわち小さな組織によって顧客ニーズに沿ったクルマをスピーディーに届けられることを証明した。

レクサス・インターナショナルの設立以後、レクサスは毎年のモデルチェンジが可能になった。2016年のカンパニー制導入と同時に、レクサス・インターナショナルは、カンパニーに昇格した。

君たちはいったい、何を決めたんだ

章男は、カンパニー制を完璧な体制だとは考えていない。なぜならば、カンパニー制の導入そのものが目的ではないからだ。また、組織的弊害の解決のための手段とも考えていないからだ。

2017年4月、トヨタ・ガズーレーシング・ファクトリーを改組し、「ガズーレーシングカンパニー」を新設したのは、モータースポーツ活動を通じて得た技術をクルマの開発に投入するためだ。これで、トヨタの社内カンパニーは9社体制となった。

毎年のように、変化が続く。組織を揺さぶることで、従業員の危機意識を高める狙いもある。もっといいやり方があると考え、つねに改善を積み重ねるのは、トヨタの企業文化であり、DNAといっていい。

章男は、カンパニー制について、以下のように独特の言い方をする。

『もっといいクルマづくり』や人材育成を促進するためのオポチュニティ（好機）としなければいけない」――。

オポチュニティを生かせるか否かは、カンパニーの一人ひとりが、仕事の進め方を進化させられるかどうかに懸かっている。

「みんなで力を合わせ、心を通わせて、よりよいモビリティ社会の構築の実現を促進するオポチュニティにしたい」と、彼は語っている。

カンパニー制のメリットの1つに、経営リーダーの育成がある。

カンパニーのプレジデントは、一国一城の主として、経営の権限と責任を背負う。資本の有効活用など、重要な決断を求められる。決断の経験は、おのずと経営リーダーの自覚を生む。ポスト章男への布石を打っているのかもしれない。

章男はプレジデントたちにこうハッパをかける。

「君たちはいったい、何を決めたんだ」

彼は、社長就任のわずか2カ月後の2009年8月、トヨタの米国進出の足がかりとなったトヨタと米GMの合弁会社NUMMIを閉鎖する決断をした。

新しいリーダーが生まれるかどうか、カンパニー制の成否が問われている。

メディア戦略を一変

章男は、メディア対応についても新たな取り組みを始めた。デジタル時代を迎え、これまでのメディア戦略は通用しない。発想を根本的に変えたのである。

章男は、社会との対話すなわちコミュニケーションに気を配る。役員、従業員、提携先企業、サプライヤー、顧客、株主などと、円滑なコミュニケーションを図る努力を惜しまない。あらゆる手段を駆使し、自らの考えを頻繁に社会に向かって発信する。というのは、公聴会の教訓があるからだ。

米国での大規模リコール問題が起きたとき、きっちりと説明責任を果たしていたならば、あれほどの袋叩きに遭うことはなかっただろう、という痛切な思いがある。日頃から、トヨタの経営哲学や企業文化を社長自らが説明していれば、問題が発生しても、吊るし上げに遭うような事態は避けられたのではないか、という反省である。

公聴会以後、トヨタのメディア戦略は基本的に一変した。加えて、本格的なデジタル時代の到来が戦略の転換を後押しした。以下、その流れを追ってみよう――。

章男が、インターネット上にGAZOO.com（ガズー・ドット・コム）の前身となるUVISを立ち上げたのは1996年である。彼のネット活用術には年季が入っている。

GAZOO.comは、オンラインモールやメディアサービスを伴って、いまやクルマの総合コミュニティサイトに発展した。企業が自ら運営するオウンドメディアの先駆けだった。

章男は副社長時代の2007年、独ニュルブルクリンクの24時間耐久レース参戦の経緯を、GAZOO.com内に設けた「モリゾウのドライバー挑戦記」で報告したが、これが、章男の自らの言葉によるインターネットでの発信の最初となる。同ブログは、2016年5月以降は休止している。

その頃から、彼は、情報発信ツールとして、ITをはじめインターネットに高い関心を持ち、活用を始めた。

「世の中すべてが情報だと思っている」という章男は、新しいものに対して、偏見を持たず、積極的に興味、関心を寄せる。ITについてもそうである。何事も現地現物で試してみる。

「いいと思ったものは、すぐにやってみる」

小林は、章男のIT感応度をそのように語る。

社長就任後は、役員やスタッフとの仕事の連絡に、いち早くLINEのチャット機能を取り入れた。文字入力のスピードたるや、役員の間ではピカイチだ。

章男のLINEには、さまざまなグループが登録されており、副社長や地域担当者、本部長、社員などから、チャット形式で次々と報告が入る。

ある役員は、苦笑した。

「深夜の3時や4時に、平気でLINEが来ることがある。だから油断できませんよ」

未明のLINEに返事がないとき、「寝とるのか?」と、追加のメッセージが届いたこともあるという。海外出張明けの時差で眠れなかったから……であろうか。

現場を預かる叩き上げの副社長、河合満は2020年に72歳になったが、彼もまた、章男とは頻繁にLINEでやり取りをする。

SNSを活用し、世の中を知る

社外とのコミュニケーションにも、章男はITツールを駆使する。SNS(ソーシャル・ネットワーキング・サービス)の活用はその代表だ。役員のSNSを禁止する企業は少なくないが、トヨタは社長自らが、ＳＮＳに露出する。

２０１９年の株主総会で、章男は質問に答えて次のように説明した。

「私は、20代から80代、うちの父を含めると90代まで、多様性を持った年代の人に囲まれています。たとえば、ＳＮＳですと、発信者のものの見方で世の中が見えます。私が見ている世の中とどう違うのか。そういう情報収集をしています」

章男は２０１６年、フェイスブックに「Toyota President's Office／トヨタ自動車社長室」の公式アカウントを設置した。入社式やプレスカンファレンス、サプライズの工場訪問など、秘書の視点からの社長の活動報告を始めた。こちらの最終投稿は、２０１８年11月だ。

それでも物足りなかったのか、章男は２０１７年5月、インスタグラムに個人名の公式アカウントを設置。自らの写真と言葉で、社長、あるいはモリゾウの活動を発信し始めた。こちらは、今なお継続中だ。

章男のインスタグラムには、２０１９年末の時点で約6万７０００人のフォロワーがいて、投稿には毎回数十件のコメントがつく。多くが、クルマ好きやモータースポーツファンなど、一般の人たちだ。ＳＮＳは、章男にとって彼らのダイレクトな声、すなわち現地現物に触れるコミュニケーションツールでもある。

２０１９年10月の東京モーターショーにおいて、章男は、タレントの渡辺直美とのトークイベントのなかで、フェイスブックやインスタグラムを始めた理由について、次のように説明した。

「いろんな人の目線で世の中を見たら、どう見えるのかが最初の興味です。インスタの写真は、撮った人が見ている景色を私も見られます。実際にインスタを使ってみると、私という人間を知ってもらうにもいいツールだなと思いました」

さらに、章男は、こう言葉を継いだ。

「大企業の社長として、裏表があるとか、おそれ多いとか、ちょっと難しいというイメージがあります。それも事実ですが、すべてではない。言葉ではなく、映像で私の真の姿を見せて、反応を見ようと思ったんです」

素顔を露出することに躊躇しないのだ。

もっとも、インスタにつくコメントの内容は気になるらしい。

「朝4時に目が覚めて、エゴサーチ（検索エンジンなどで自分の名前を検索して評価や反応を見ること）することもあります。またこんなこと言われてる、と暗くなるときもあります」

つまり、否定的なコメントに落ち込むこともあるというのだ。

こうした話を披露すること自体が、従来の社長像から明らかにはみ出している。ここらあたりが、オールド世代から「浮ついている」という批判が絶えない理由かもしれない。

オウンドメディアで情報発信

デジタルネイティブと呼ばれる世代を中心に、テレビや新聞に触れない若者が増えている。彼らの情報源は、時間や場所に制約のないＳＮＳやオンラインメディアだ。テレビ、新聞、雑誌などの衰退を見れば、未来の企業の広報活動は、オンラインメディアが主流になると考えるのが当然だろう。

とりわけ、章男が力を入れているのが、オウンドメディアである。オウンドメディアを手がける企業は、トヨタに限らず近年増えている。

オウンドメディアとは、企業がマスメディアを介さず独自に情報を発信するウェブサイトである。コンテンツを自ら制作し、掲載できるのが特徴で、企業が自ら発信したい情報をオンライン上に公開する。新しい企業広報活動のツールだ。

たとえば、メルセデス・ベンツ日本は現在、「Mercedes-Benz LIVE !」というオウンドメディアを運営し、自社の自動車情報のほか、メルセデス・ベンツ車オーナーである著名人のインタビューなどを掲載している。

トヨタのレクサスもまた、２０１7年5月に「VISIONARY」を立ち上げ、新車情報やライフスタイルコンテンツを発信している。

さらに、2019年1月、トヨタ本体のオウンドメディアとして、俳優の香川照之を編集長とするトヨタイムズを立ち上げた。テレビCMでも放映されているので、目にした人も多いだろう。もっか、トヨタの最強メディアである。

オウンドメディアは、短いブログから1時間を超える動画まで、さまざまな形態のコンテンツを、思うままに発信できる。ラジオやブログ、フェイスブックなどを軒並み試してきた章男がたどり着いた、理想のプラットフォームではないか。

章男は、評価が分かれるトヨタイムズについて、新たなインターナル・コミュニケーションへの挑戦でもあるとして、2019年元日のブログ「モリゾウのつぶやき」のなかで、こう語っている。

「トヨタの中でどんな変化が起きているのか。トップは何を考え、何をしようとしているのか。ファクトや数値を超えた〝思いや体温〟のようなものも含めて、さらけ出していかなければ、一緒に闘う仲間と一枚岩にはなれないと思っています」

章男がトヨタイムズを立ち上げた背景には、世界に37万人もいるトヨタ従業員、その家族、さらに増える一方の提携先企業やサプライヤーにとって顔の見える社長でありたい、という願いがある。

「トヨタは、中小企業の経営にあこがれを持つ大企業です。中小企業は、トップの顔が見える。ゆえに、トップのこれをやりたいんだ！　という意志が、経営に反映されますからね」

と、章男は語っている。

トヨタのトップは何を考え、どこへ向かおうとしているのか、何を望んでいるのかを、従業員やステークホルダーに理解してもらい、同じ方向を向いてもらわなければならない。つまり、トヨタイムズは、まさしく意思統一のためのツールだ。

2019年1月には、章男のほか副社長のうち5人と、社外取締役の菅原郁郎が壇上に並び、社員からの質問に答える社内ミーティングの様子を、インターネット上に公開した。社内行事にカメラを入れるのは珍しいことではないが、その内容を社外に出すことは異例である。

そのタイトルは、「トヨタ技術部は、『白い巨塔』か?」である。トヨタの技術部といえば、独立色が強く、きわめて誇り高い集団だ。それを白い巨塔と表立って批判するのはタブーだ。公開については議論が沸騰した。担当者から相談を受けた章男は、次のように答えた。

「1度、やってみようよ。やってみて失敗したら、それはそれでいいじゃないか」

いいことはやってみよう、わからないことでもやってみようと考える。判断の基準はいたってシンプルだ。

また、トヨタイムズは2019年2月から3月、春闘の真っただ中に、団体交渉の様子を動画で流した。

普通、団交は交渉の内容が漏れないように秘密裡に行われる。さすがに、具体的な賃金交渉の中身の部分はカットされているが、たとえば、3月6日の労使のやり取りがそのまま流されている。以下のような具合である――。

労働組合「一律ではなく、という発言が賃金、一時金についてあった。1人も欠けることなくやっていきたいというのが組合の姿勢だ」

会社「賃金はそもそも、そうとう高いレベルにあるなかで、競争力の観点を踏まえ、賃金制度改善分を全員一律に引き上げるという必要性は、これからよく考えていかなければいけない。プロを目指す人、これまで頑張ってきたが報われなかった人に、まず使っていくということではないか」

団交の様子は、2019年秋にも同様にトヨタイムズにアップされた。生のやり取りが公開されるため、マスメディアも、いまや取材源として無視できなくなっている。

章男は、そもそも企業が社会の公器である以上、社内の情報は、できる限り外部に公開すべきだと考える。従来のトヨタの姿勢とは正反対だ。かつてのように、タブーを忖度して公開しないような風土では、モビリティカンパニーに生まれ変わるどころか、時代に取り残されてしまうという危機感を持っているからだ。

ただ、SNSやオウンドメディアは、自らコンテンツを制作、発信する分、自ら責任を負うリスクもある。米テスラCEOのイーロン・マスクがツイッター上の発言でたびたび物議を醸しているのを見れば、明白だ。

現に、2019年3月、トヨタの公式ツイッターが実施した、「女性ドライバーの皆様へ質問です。やっぱり、クルマの運転って苦手ですか？」というアンケートは、女性蔑視との批判が相次ぎ、トヨタ側が謝罪する事態となった。

しかし、章男はそれらのリスクを承知で、率先して1歩も2歩も前に出て、これまで触れてきたように、オンラインメディアに自らをさらすことをいとわないのだ。それは、企業に求められるアカウンタビリティー（説明責任）の範疇を超えているのではないかという批判が一部にはある。そうした声とつねに隣り合わせであることは、覚悟しなければならない。

「A3文化」もオンラインツールで破壊

章男には、そもそもIT企業やベンチャー企業のスピード感やパワーに後れを取ることへの危機感がある。トヨタが社内の報告や情報共有にLINEを含むオンラインツールを活用しているのも、仕事のスピードアップ、さらには働き方改革のためだ。

「小さなイベントの報告など、以前はきちんとした報告書をまとめていましたが、いまや手っ取り早く報告するため、〝こんな感じでした〟と、写真や動画で済ませるケースもあります」

と、あるベテラン社員は語る。

トヨタには、もともと「A3文化」がある。新入社員のときから、リポートは、A3サイズの用紙一枚に簡潔にまとめることを繰り返し教えられる。その習慣は、トヨタの企業文化として根付いている。

ところが、A3文化は、オンラインツールの活用によって変わろうとしているのだ。スピード重視は当然だが、オンラインメディアの伝える力は大きい。動画やビジュアルを駆使すれば、言葉の違いも乗り越えられる。

ITに弱い中高年社員は、その流れについていくのに必死である。ある幹部は、文字を打ち込むより手書きのほうが速いので、手書きのメモを写真に撮って、LINEで送ることが多い。章男も本を読んでいて、気に入ったフレーズや示唆に富んだ文章、文句に出会うと、その部分を写真に撮り、副社長たちにLINEで送り、情報共有を図る。長年続いたトヨタの報告スタイルさえも、章男は変えようとしているのだ。

ここに、象徴的な出来事がある。2018年10月に行われた、トヨタとソフトバンクグループによるモビリティサービス事業の共同記者会見のことだ。

章男と孫正義による会見開始を前に、会場となったパレスホテル東京の大宴会場に集まった記者たちは、プレスリリースが配られるのを、今か今かと待っていた。通常であれば、プレスリリースの配付と同時に、記者たちは一斉にノートパソコンで記事を書き始める。ところが、この日、プレスリリースは配られなかった。

「印刷したプレスリリースはございません。オンライン上でご覧ください」というソフトバンクグループ広報のアナウンスに、思わず、記者たちは「えーッ」という不満の声を上げた。

ソフトバンクは、数年前から紙のプレスリリースを配付していない。トヨタも、ソフトバンクに倣って紙は配付しなかった。

これは、企業の広報活動の様変わりを象徴している。会見開始と同時に、ソフトバンクとトヨタのホームページ上でプレスリリースが公開された。マスメディアだけでなく、個人や海外の投資家など、誰でもアクセスできる。会見のスタート時間も、欧州時間と米国時間を考え、午後1時30分と決められた。

会見の様子も、オンライン上で生中継されたほか、ユーチューブ上に公開されている。インターネットの登場によって、マスメディアが情報を独占する構図は決定的に崩壊したといえる。企業の記者会見の様子がインターネットで生中継される時代であるから、トヨタが格別に情報公開に積極的になるのは不思議なことではない。

2019年10月に行われた東京モーターショーにおいて、章男は同23日、トヨタブースでプレスカンファレンスを行った。この様子は、トヨタイムズなどがユーチューブで中継した。ステージ上には、まずVチューバー（動画配信用のアバター）のモリゾウが登場して話をしたが、技術や経営戦略などの小難しい話は一切せず、トヨタの考えるモビリティの未来をわかりやすい映像で説明した。目の前の記者に向けてというよりは、カメラの向こう側にいる一般の人たちを意識した内容だった。

従来の常識が次々と覆される、激しい環境変化のなかで、何事においても、これまでの延長線上にはトヨタの未来はない。これは、事業に限った話ではない。章男は、新しいツールを貪欲に取り込み、トヨタをとことん変えようとしている。その一端が、ＩＴを駆使した新メディア戦略、広報戦略の新発想に垣間見えるのである。

ディーラー後継者候補にハッパ

章男は、２０１9年3月期決算説明会の席上、「リアルの世界」で培ってきたトヨタの競争力の優位性に以下の３つを挙げた。

１つ目は、「ＴＰＳ（トヨタ生産方式）に基づくモノづくりの力」。２つ目は、世界中に張り巡らされた「ネットワークの力」。３つ目は、全世界1億台以上に上るトヨタ車とレクサス車の「保有の力」である。

このうち、ＴＰＳに基づくモノづくりの力については、これまで触れてきた。

では、ネットワークの力とは何なのか。これには、トヨタの歴史、伝統、企業文化が色濃く反映されている。ネットワークを核とする〝トヨタ王国〟は、一朝一夕に築き上げられたものではない。このネットワークの力に、新時代の環境に適応する新たな発想力を、章男は求めているのだ。

トヨタの結束力は、ディーラー網に見ることができる。トヨタとディーラーとは、歴史的に強い絆で結ばれており、その始まりは、創業者の豊田喜一郎の代までさかのぼる。喜一郎は、「つくるより、売るほうが難しい」と語っている。

喜一郎は、ディーラーとの総会では、技術担当者を伴って各県の代表者にあいさつして回るのが常だった。ディーラーから意見が出れば、すぐに技術担当者に命じて対応させた。懇親の席では、ディーラーを立て、自らは末席に遠慮がちに座る。その様子は、ディーラーの代表者が恐縮するほどだった。

トヨタには、もともと「1にユーザー、2にディーラー、3にメーカー」という販売哲学がある。〝販売の神様〟といわれた、元トヨタ自動車販売社長の神谷正太郎が唱えた。

章男は、「この順位は、絶対に変えちゃいけない」と強調する。そして、言葉どおり、ディーラーを実に大切にする。ディーラーも、トヨタの信頼に応える。

ここに、その歴史的証拠がある――。

日本は終戦後、GHQ（連合国軍総司令部）から自動車の製造を禁止されたが、1947年、小型車の製造許可が下りた。しかし、トヨタは、資金難により、小型車をただちに生産に移すことができなかった。トヨタには、国内のディーラーの連携強化を目的として設立された、「トヨタ自動車販売店協会（ト販協）」という組織がある。当時、ト販協の前身のトヨタ自動車販売店組合は、トヨタに対してたびたび小型車生産を催促していた。

トヨタは、苦肉の策として、販売店組合の役員会の席上、ディーラー1店につき10万円ずつの前納を依頼した。

小型車1台がおよそ20万円の時代である。当時、ディーラーにも、まったく余裕がなかった。にもかかわらず、組合はその場でこれを承諾し、約半年の間に前納金を送金した。おかげで、トヨタは、同10月には「トヨペットSA型乗用車」と「トヨペットSB型トラック」の生産開始にこぎ着けた。

トヨタは、よくも悪くも義理堅い会社だ。厳しい時代に支えてくれたディーラーへの恩を後々まで大切にしてきた。

なかでも、自動車産業を一から立ち上げ、辛苦を共にしてきた古参のディーラーと、創業家の豊田家との結び付きはことのほか強い。現に、50年に労働争議をめぐって喜一郎が社長辞任に追い込まれた直後、ト販協は、早期復帰を要請した。

2009年から2010年の大規模リコール問題の際、ネッツトヨタ栃木会長で当時ト販協理事長だった守川正博は、米連邦議会の公聴会に出席するため独り渡米する章男に、手紙をしたためた。「日本のことはお任せください」――。

四面楚歌だった章男は、その言葉にどれだけ救われたか。

逆に、こんな話もある。

1997年冬、大分県のあるホテルの会議室でのことだ。章男は、3代目としての人間的苦悩について、次のように語った。

「皆さんに言っておきたいことがあります。人一倍努力しないと社長にはなれない。しかも、その努力は、誰も認めてくれません」

章男は、冒頭から厳しく切り出した。当時、国内営業担当の副社長だった彼の言葉に、居並ぶ面々は、途端に緊張し、思わずシャンと背筋を伸ばした。

朝の会議室に集まったのは、全国のトヨタディーラーの後継者候補らである。創業家3代目の章男と同様、ディーラーにも後継を託された3代目が多い。章男の発言にはリアリティがあった。

「努力の末に販売店の社長を継いだとしても、息子の場合、当然と見なされ、上げた成果も親の七光といわれる」など、冷厳な現実を突きつけたうえ、章男は次のように言葉を継いだ。

「自分が生きている間に名声を得たいと考える人はたくさんいます。皆さんには、自分が死んだ後、先代のおかげで今があるといわれる人を目指してほしい」

さらに、彼は畳みかけた。

「努力は認められず、名声は死んだ後にしか得られない。この2つが嫌な人は、帰ってお父さんに継ぎませんと言ってください！」

まるで、自分自身に語りかけるような発言である。

注目すべきは、ディーラーの後継者候補たちに対して、メーカーの経営者がここまで本気で、圧倒的情熱を込めて話をしていることだ。

豊田家とディーラーは、メーカーとディーラーという割り切ったビジネス関係ではなく、代々家族的な付き合いが続いている。ディーラーも、後述するサプライヤーも、そして豊田家も、世襲のトップが少なくない。

いってみれば、親戚付き合いも同然の関係だ。それは、トヨタの競争力のもう1つの源泉である。しかし一方で、しがらみでもある。

変化に弱い者はあえて突き放す

トヨタは、ディーラーのオーナーだけではなく、営業スタッフにも心を配る。

トヨタの販売店数は現在、トヨタ、レクサスを合わせると、国内約5000拠点、全世界で約1万6000拠点に上る。日産自動車やホンダが国内約2000拠点であることを考えると、圧倒的な数である。

トヨタの国内販売台数は、年間約150万台だ。国内需要の4分の1以上をトヨタ車が占める状態は、過去〝ドブ板営業〟などと揶揄されたが、ディーラーの営業スタッフたちに支えられているのは間違いない。

章男は、入社9年目の1992年、営業部門に配属され、カローラ店の北陸長野地区担当員を務めた。さらに、業務改善支援室に移ってからは、前述したように、TPSを販売の現場にも導入すべく、当初拒絶されながらもディーラー内部に入り込み、改革を手がけた。したがって、近年のどの社長よりもディーラーに対して仲間意識が強い。

トヨタは、1月と11月の年に2度、全国トヨタ販売店代表者会議を開催する。章男の社長就任後、その会議の景色は一変した。彼は、発想が違うのである。

まず、章男は、自ら出席してあいさつをする。1月の場合、名古屋国際会議場で代表者会議を開催した後、場所を変えて懇親会を開く。席上、優秀スタッフの表彰を行う。この場にも、章男のほか、名誉会長の豊田章一郎、さらには副社長ら役員も出席するのが恒例だ。

新たな発想のもとに最近はまた、1月の同会議の懇親会を「ヒーローズ・ガラパーティー」と銘打ち、ナゴヤドームを借り切って大々的なイベントとして開催している。

彼は、次のように語っている。

「ヒーローズ・ガラパーティーは、トヨタの財産である販売店スタッフの方に一堂に会していただき、お礼をする場です。ナゴヤドームを借り切ってやれば、記憶に残していただけると思う」

たとえば販売台数が累計2000台、さらに3000台に達する優秀な営業スタッフを表彰する。とくに、3000台達成者に対しては、ライトを浴びながらステージ中央に配偶者や子供、親など家族をエスコートして登場する演出までが用意されている。営業スタッフにとってこれ以上ない晴れ舞台だ。

むろん、ディーラーは、こうした〝鉄の結束〟を、重荷に感じているかもしれない。また、すべてのディーラーが、トヨタとの深い関係、干渉を望んでいるかどうかもまた、別の話だろう。

章男は、こうした新発想のもとディーラーとのこれまでの関係を変えようとしているのだ。

2018年11月に開かれた販売店代表者会議で、章男は次のように語って関係者を驚かせた。

「今、変わらなければならない。そう思っていただけた方だけで結構です。私たちトヨタと一緒に、未来のモビリティ社会をつくりませんか」

「一緒に頑張りましょう」が常套句だった場で、「そう思っていただけた方だけ」と、突き放した。これまでと同じ発想では、生き抜いていけないと考えているからだ。

トヨタを信じ、ついてくる者にはしっかりと応える一方で、トヨタの変化のスピードについてこられない者は置いていくと、厳しい姿勢を打ち出した。

サプライヤーにもCASEの大波

トヨタのネットワークの力を語る際、もう1つ忘れてはならないのは、日本の工業力をバックに隅々まで張り巡らされた巨大なサプライチェーンである。これは、トヨタに限らず日本の自動車メーカーの特色だ。

過去、海外からは、トヨタのサプライチェーンは、上下関係を軸とするケイレッとして批判されてきたが、トヨタとサプライヤー、すなわち仕入先とは、今も強い絆で結ばれている。その象徴が「協豊会」である。

トヨタと直接、間接の取引があるサプライヤーからなる協豊会の会員数は現在、228社に上る。毎年、新しく加入する会社もあれば、名前が消える会社もあり、会員数は変動的だ。ただ、協豊会なくしてトヨタのモノづくりの強さは語れない。

その背景には、創業以来の運命共同体の関係がある。それを知るには、これまた歴史を解き明かす必要がある。

喜一郎が国産自動車の製造に挑んだ当時、当然ながら、自動車部品を製造できるメーカーは国内に存在しなかった。外国産の部品を使えば品質は安定する。しかし、喜一郎は国産の部品にこだわり、国内の部品メーカーの育成に力を入れた。

トヨタのサプライヤーが「協力会」なる組織をつくったのは、1939（昭和14）年である。協豊会の前身だ。トヨタ自動車工業当時の「購買規定」には、以下のように定められていた。

「当社ノ下請工場ト決定シタルモノハ、当社ノ分社工場ト心得、徒ラニ他ニ変更セザルヲ原則トシ、出来得ル限リソノ工場ノ成績ヲアゲルヤウ努力スルコト」――。

つまり、仕入先と認めればトヨタの〝分社工場〟として面倒を見る。今日に至るまで、トヨタはサプライヤーと改善活動を進め、原価のつくり込みを行ってきた。

また戦後、朝鮮動乱による特需の際、国産車は品質が安定しないため、米国品より2割安く納品する必要があるとするトヨタの厳しい値下げ要求に、多くの協豊会のメンバーは、一時的に赤字覚悟で応じた。かくして、相互の信頼関係は一層深まっていった。

協豊会は、親睦を主な目的としていたが、しだいに相互研鑽が中心テーマとなっていった。

トヨタの調達方針を踏まえて会の方針を定め、委員会・部会、テーマ研究部会、視察、講演会などの開催、会員向けの新聞の発行と、トヨタと密接なコミュニケーションを築いている。

自動車業界は、繰り返し触れてきたように、100年に1度の大変革期を迎えている。CASEに代表される新しい技術が台頭し、変化の大波が押し寄せている。

章男は、次のように語る。

「過去100年の自動車の発展は、メーカーのモデルチェンジ、中古車市場、保有される自動車の周辺の保険やサービスを含め、非常にうまくできたビジネスモデルがあったからだと思います。しかし、CASEの登場とともに、今までのビジネスモデル自体が、根本から変化する可能性が出てきている」

トヨタのメーカーからモビリティカンパニーへの転換は、競争力の源泉だった従来のディーラー網、サプライヤー網の変革をいや応なく求める。

クルマの所有から利用への変化のなかで、ディーラーは、クルマの販売より、カーシェアや、サブスクリプションサービスのための拠点の役割が増すだろう。

また、極端な話、ＥＶが広く普及すれば、エンジンやトランスミッションは電池とモーターに置き換えられ、必要なくなる。ＡＩ（人工知能）や半導体、電子部品をめぐっては、電機メーカーなど他業界との競争も激しさを増している。サプライヤーをめぐる経営環境は厳しいものがあり、対応を迫られる。

トヨタは、国内自動車メーカーのなかで、独り勝ちの状態でありながら、章男は改革の手を緩めない。むしろ、好調な今、変えようとしている。

従来のネットワークを、クルマの製造や販売だけでなく、モビリティサービスに活用できれば、トヨタは、ＭａａＳ時代のビジネスモデルを描くことができる。その点、「保有の力」は、新しいモビリティサービスを提供していくうえで何物にも代えがたいトヨタの財産といえる。

ＭａａＳ到来後は、顧客接点となるラストワンマイルの重要性が増す。ディーラーやサプライチェーンを新時代に適応させ、より強固で柔軟なネットワークの力として生かし切れるか、次代の発想が問われている。

第10章　未来――どこに向かうか

モビリティカンパニーへの衝撃の宣言

「私はトヨタを、クルマ会社を超え、人々のさまざまな移動を助ける会社『モビリティカンパニー』へと変革することを決意しました」

豊田章男は、２０１８年1月に米ラスベガスで開催されたＣＥＳ（コンシューマーエレクトロニクスショー）の席上、衝撃の発言をした。

世界中の自動車メーカーのなかで、そのような〝脱自動車メーカー〟宣言をした会社はない。章男の衝撃の発言は、世界に広がった。これには、社内も驚いた。

「私はなぜ、そのような発想が生まれてきたのかわかりません。事前に相談があったわけではありません」

と、副社長の寺師茂樹は言う。

章男は、トヨタの未来について、今日の自動車メーカーの延長線上からは考えない。「100年前、米国に1500万頭いた馬は、現在では1500万台の自動車に置き換わりました。そのときと同じか、それ以上のパラダイムチェンジが起きているのではないでしょうか」と、彼は説明する。

EVだ、AIだ、自動運転だ、コネクティッドだと、クルマの世界では次々と流行のように新しい事柄が生まれる。しかし、章男は流行に踊らない。ましてや、「多変量解析的な経営ではないんですね」と、副社長の友山茂樹は言う。

多変量解析とは、関連性のある多数のデータを解析し、その結果から問題の答えを導き出す手法である。経営コンサルタントが得意とするところだ。しかし、章男は、その手の解析結果や報告に興味を示さない。むしろ、データの背後にある意味の本質を探求する。長年にわたって蓄積してきた実践知、経験知を総動員して本質的直観を働かせる。自らの研ぎ澄ました感覚をテコに、本質的直観により未来の構想を構築するのだ。モビリティカンパニー宣言は、その結果だろう。

「グーグルやアップル、あるいはフェイスブックのような会社もライバルになると、ある夜、ふと考えていました。なぜならば、私たちももともとは織機をつくっていて、クルマをつくる会社ではなかったのですから……」

章男は、そう語っている。

そこには、100年に1度の大変革期を迎えた自動車業界の現場に立ち続け、悪戦苦闘、試行錯誤しながら実践対応してきた章男の、以下のような長い物語がある――。

テスラとともにEVの開発

10年ほど前の話である。

2010年5月20日、米シリコンバレー・パロアルトにあるテスラ（当時の社名はテスラ・モーターズ）本社に、章男の姿があった。隣には、当時カリフォルニア州知事のアーノルド・シュワルツェネッガー、さらに、テスラ会長兼CEOのイーロン・マスクが並んでいた。

席上、章男とイーロンは、両社の技術に関する業務提携を発表し、トヨタはテスラに5000万ドル（当時約45億円）を出資した。

テスラとの提携をめぐっては、こんなエピソードがある。

提携発表の直前のことだ。TEMA（トヨタ・モーター・エンジニアリング・アンド・マニュファクチャリング・ノース・アメリカ）執行副社長として米ケンタッキー州に駐在していた寺師は、久々に帰国し、名古屋の居酒屋で仲間と、名物の手羽先を食べていた。

すると、電話が鳴った。社長秘書からだった。

「寺師さん、社長が、今すぐサンフランシスコに来いと言っています」

「えッ。僕は今、日本ですから無理ですよ」

寺師は、慌てて、現地にいる部下を代理としてサンフランシスコに向かわせた。提携発表後、その部下から電話がかかってきた。彼もまた、猛烈な慌てぶりだった。

「豊田社長に、『テスラと一緒にEVを開発しろ』と言われました。『君たちのプロジェクトだから、よろしく頼む』と……。いったい、どうしたらいいんですか」

寺師は、笑って答えた。まだ余裕があった。

「心配するな。北米にはEV開発の部隊は置いていないんだから。それはないと思うよ」

ところが、翌日、3度目の電話が鳴った。今度は章男直々である。

「テスラと一緒にEVを開発する。君たちにお願いすることになったからな」

慌てた寺師は、かろうじてこう返した。

「ちょっと待ってください！　内山田（竹志）さんと相談します」

当時、トヨタの技術担当副社長だった現会長の内山田は、寺師の長年にわたる上司だ。寺師はすぐに、内山田に電話をした。

「内山田さん、社長が、テスラとEVを開発しろと……」

「ああ、その話は、社長と相談してもう決めたんだ」

内山田は、あっさりと答えた。

かくして、寺師は、トヨタとテスラのＥＶにおける協業を、最前線で指揮することになった。

トヨタは１９９７年の初代「プリウス」発売以降、ＨＶ（ハイブリッド車）開発の負荷が重く、ＥＶ開発の優先度は低かった。

「ハイブリッドシステムには、モーターも、電池も搭載されている。ＥＶは、これらを応用するだけ。いつでもできる」

というのが、開発部隊の言い分だった。

「難しい技術でないなら、実際にＥＶをつくってみればいいじゃないか」

と、章男は主張した。

しかしながら、「いつでもできる」という割には、いつまで経っても、ＥＶの開発は始まらなかった。

章男は言った。

「まず、やってみよう。やってみて、初めてわかることもある」

章男は、トップ外交で直接イーロンと会って、ＥＶでの技術提携と共同開発を決めた。なかなか動かない技術陣にしびれを切らしたのだ。

提携から2年を経た２０１２年、トヨタは、「ＲＡＶ４（ラヴフォー）」のボディーにテスラのＥＶシステムを搭載した「ＲＡＶ４ ＥＶ」の発売にこぎ着けた。１つの成果といえる。

それ以降、トヨタとテスラとの協業は、立ち消えとなる。ＲＡＶ４ ＥＶは、共同開発第２

弾に進むほどのインパクトを市場に与えなかった。ＥＶ市場自体の成長が未知数であるなかで、テスラは自社のＥＶ開発を優先した。トヨタは、２０１６年末までにテスラ株をすべて売却し、提携を解消した。

その後、トヨタが、社長直轄の「ＥＶ事業企画室」を設置しＥＶ開発に乗り出したのは、ＲＡＶ４ ＥＶ発売から4年を経た２０１６年12月である。社長直轄というところに、章男のＥＶへの覚悟が感じられた。

ＥＶ事業企画室は、トヨタ、豊田自動織機、アイシン、デンソーから各1人を集めた、たった4人の開発部隊だ。彼らは、章男へのプレゼンテーションで、目指すクルマの概要と予算のみ許可を得ると、あとは、役員への報告や一切の調整なし、すべてを4人で決めて進めてよいとされた。異例ずくめだった。

社内のルールに縛られない〝構造改革特区〟として、規制緩和策が取られた。自由度とスピードが増した。

ＥＶ事業企画室は翌２０１７年10月、正式なプロジェクトに組み込まれ、先進技術開発カンパニーに移管された。

チームジャパンの結成

世界は、ガソリン車に対する環境規制の強化に傾いているのは間違いない。なかでも、米カリフォルニア州のZEV（ゼブ／排ガスゼロ車）規制、中国のNEV（ネブ／新エネルギー車）政策、さらに欧州のCAFE（カフェ／企業別平均燃費基準）規制は厳しさを増す。ガソリン車を売るためには、一定量のEVの生産、販売が求められるのだ。

章男は、頭を悩ませる——。

規制強化とは裏腹に、EVの市場ニーズは大きくないのだから、開発費をかけてEVを開発しても、肝心の販売台数には限界がある。ということは、確実に儲からない。

どの自動車メーカーも事情は同じで、少量しか売れないEVの開発に、多額のコストをかけにくい。もともとEV開発をめぐって、国内メーカー間で消耗戦をする気持ちが、彼にはなかった。となれば、自動車メーカーが垣根を越え、皆で取り組むことがいちばんだ。複数社で協力することにより、開発コストを抑え、リスクを分散する。これまでの徹底した自前主義からの大転換である。つまり、オープン化だ。

前述したように、トヨタは2017年9月、マツダとデンソーとの3社で、EVキャスを設立した。トヨタが90％、マツダとデンソーが各5％を出資した。さらに、その後スズキ、日野自動車、ダイハツ工業、SUBARU、ヤマハ発動機、いすゞ自動車も加わり、9社連合が誕生した。トヨタを中心とする、EVをめぐる〝チームジャパン〟の結成だ。

EVキャスは、9割を出資するトヨタの寺師が代表を務める一方、開発のトップは、マツダの開発を率いる当時専務の藤原清志が担った。

というのは、多品種少量生産において開発コストを低く抑える技術は、マツダが先行していたからだ。マツダが得意とするコモンアーキテクチャーにより、車種を超えたEVプラットフォームの開発に取り組んだ。

そのうえ、トヨタは、電池分野でも手を打った。EV1台に必要な電池の量は、HVの50倍におよぶ。EVのネックは、電池の生産量すなわち電池供給能力にある。トヨタは2017年12月、国内最大の電池メーカーであるパナソニックと、車載用角形電池分野における協業を発表した。

その直後、トヨタは、EV、HV、PHV（プラグインハイブリッド車）、FCV（燃料電池車）を合わせた電動化比率を、30年に50％に引き上げると宣言した。さらに、1年半後の2019年6月に電動化比率の5年前倒しを宣言すると同時に、中国の大手電池メーカーCATL（寧徳時代新能源科技）、BYD（比亜迪）との提携を発表した。

市場のEV潮流に対して、トヨタの判断はつねに冷静かつ慎重だ。そのなかで章男は、「まずやってみようよ」と訴える。

世界の環境規制の最前線

トヨタは、もともと理念の強い会社だ。大義を掲げる。大義は、挑戦の起爆剤であり、困難に直面した際、粘り強く乗り越えるエネルギーのもととなる。トヨタ、いや、章男は、つねに大義名分を前面に出して経営に携わる。つまり、何を目的にするか。建前ではなく、本気で大義を背負って立つのだ。

なぜクルマをつくるのかといえば、人々の移動の自由のためだ。なぜ自動運転技術を開発するのかといえば、交通事故をゼロにするためだ。そして、なぜレースにでるのかといえば、もっといいクルマをつくるためだと答える。

なぜ電動化を進めるかといえば、環境への配慮のためである――。

持続可能な社会の発展には、CO_2（二酸化炭素）削減が欠かせない。そのために環境車を普及させようと、心底考えているのだ。

しかし、ＥＶやＦＣＶの普及はなかなか進まない。トヨタは、ＨＶのプリウスやＦＣＶ「ミライ」など、先進的な環境車を世界に先駆けて販売してきたが、いくら環境技術で抜きんでていても、トヨタ１社で地球環境を保全するには限界がある。章男は、根本的に発想を転換した。得意のハイブリッドシステムの外販に踏み切ったのだ。

実は、ハイブリッドシステムの外販やサポートの有償提供は、トヨタ社内で、過去に２度検討され、いずれも却下されてきた。１回目は時期尚早。２回目は自社分の生産能力が不足するなかで、まずは自社を優先すべきだとの判断だった。３度目の正直でようやく具体化した。

トヨタが決断したのは、車両電動化関連技術などの特許約２万３７４０件の２０３０年までの無償提供である。

「特許を囲い込むのではなく、開放して仲間を増やす。クルマだけではなく、使い方とセットでシステムを売る。つまり、これまでの発想を転換し、より幅広く、よりオープンに、よりよい社会への貢献を追求することが、新しいビジネスモデルにつながるのではないかと考えているのです」

と、２０１９年5月の決算会見の席上、章男は語った。

これには、ミライの反省もある。ミライの普及は遅々として進まなかった。

ＦＣＶは、普及に水素ステーションすなわちインフラが欠かせない。ＦＣＶの普及と水素のインフラ整備はセットである。にもかかわらず、「完成車を販売店に卸し、販売店をとおして個人のお客様にお届けするという販売の形にとらわれていた」と、章男は反省する。従来のやり方の失敗だ。

今後、個人向けにこだわらず、官公庁、法人向けの普及を進め、インフラ整備の促進を図る。

実は、普及とインフラがセットなのは、ＥＶも同じだ。トヨタは２０１９年夏、新たなＥＶ

戦略を発表した。「小型」「近距離」「法人利用」とターゲットを明確化し、法人・自治体向けに、超小型ＥＶを活用したビジネスモデルを描く。また、都市部のラストワンマイルや観光利用のシェアリングを想定し、３輪のＥＶ、立ち乗りのＥＶなど、多様なモデルを用意する。こうした事業を進めるため、自治体など40団体以上と連携する。まさしくオープン戦略そのものだ。

よく知られているように、電球が普及したのは、エジソンが、電球そのものだけでなく、発電・送電システム、すなわち電球の使い方を発明し、セットで販売したことが大きいといわれる。ユーザー目線のデザイン思考の例として知られるが、トヨタがＥＶやＦＣＶの使い方やインフラを含めてデザインし、顧客に提供しようとする姿勢は、この考え方に近いだろう。

それから、トヨタがＥＶ開発でこだわるのは乗り味だ。

章男は、あるとき社内でスポーツカータイプのＥＶの試作車に試乗した。印象を問われ、こう答えた。

「電気自動車だねェ……」

どういう意味か。ＥＶは、走りに特徴を出しづらい。エンジンのような複雑な機構ではなく、モーターと電池という単純なシステムのため、走行感覚に独特の〝味〟をつくり出すのが難しい。普及モデルはつくることができても、走る歓《よろこ》びを追求するような、クルマ好きのためのＥＶを実現するのは、簡単ではない。

章男は、マスタードライバーとしてこだわってきた走りや、乗り味をいかにＥＶで実現するかを模索するのだ。

ＥＶの未来はまだ見えないし、トヨタの戦略が功を奏するという保証はどこにもない。しかし、トヨタは電動車の普及、さらに乗って楽しいＥＶの実現に向けて走り出している。でないと、それこそ世界の潮流に乗り遅れる。

交通事故ゼロは可能か

電動化と並び、未来の自動車産業に重大な変化をもたらす技術の１つが、自動運転である。クルマには、交通事故が付きものだ。しかも、事故原因の大半は、ドライバーの不注意などヒューマンエラーである。

「交通事故死傷者ゼロの社会をつくるのが、われわれの究極の使命だ」

と、章男は語っている。

前述したように、トヨタが自動運転に取り組む大義は、交通事故ゼロだ。単なる完全自動運転の実現ではない。

「よく、グーグルなんかと比べて、トヨタの自動運転は遅れているねといわれるけれど、出口が違うんです」

と、寺師は語る。

ＩＴ業界の巨人、米グーグル系の自動運転技術開発会社ウェイモは２０１８年末、運転席に人が座る条件付きながら、自動運転タクシーを実用化した。トヨタとは明らかに発想が異なる。彼らの目標は無人運転だ。完全自動運転に一気にジャンプしようと、猛烈なスピードで実用化を進めている。

このように、完全自動運転の実用化に積極的なウェイモに対し、トヨタはかねて、臆病だと批判されてきた。

「実は、私は自動運転のいちばんの抵抗勢力というか、反対派でした」

章男は２０１８年5月18日、自工会の会長就任会見で、そのように正直に述べた。

３年前の２０１５年夏、トヨタの技術開発本部長を務めていた当時専務の伊勢清貴など、数人の幹部が章男のもとを訪れ、自動運転に関する提案をした際も、彼は、慎重な姿勢を崩さなかった。

「ニュルの24時間レースで自動運転のクルマが人間チームに勝ったら、自動運転のことをもっと信用してあげるよ」――。

つまり、章男は、自動運転システムが自分よりうまくクルマを操れるならば、自動運転の技術を認めると言ったのだ。

これには若干、説明が必要だろう。トヨタ、なかんずく章男が、自動運転に全面的に消極的だったわけではない。自動運転イコール無人運転という世間の理解に対して異を唱えたというべきだろう。

転機となったパラアスリートとの出会い

章男に転機が訪れた。ある女性との出会いだ。

トヨタは2015年、IOC（国際オリンピック委員会）およびIPC（国際パラリンピック委員会）との間でパートナー契約を結んだ。その活動を通して、章男は、パラリンピック教育の開発リーダーを務める、日本財団パラリンピックサポートセンター推進戦略部プロジェクトマネージャーのマセソン美季と出会った。マセソンは、大学1年のとき、交通事故がきっかけで車いす生活者となった、元アイススレッジ・スピードレースの選手だ。パラリンピックで金メダル3個、銀メダル1個を獲得している。

マセソンは、章男に言った。

「私の未来を奪ったのは、交通事故でした」

章男は、ショックだった。自動車メーカーのトップとして心が痛んだ。かける言葉が見つからなかった。

彼女は、続けた。

「でも、私の未来を一緒につくってくれるのもまた、自動車なんです……」

車いすの彼女の移動をサポートし、彼女の人生に可能性をもたらすのもまた、クルマだというのだ。

車いす使用者のみならず、視覚障害や運動機能障害がある人たちの未来を考えたとき、章男の自動運転に対する考え方は大きく変わった。

自動運転は、すべての人に移動の自由を提供するカギになるのではないか。アイデンティティー・クライシスを超越したときと同様に、悩みや問題を受け入れながら生きる障がい者の姿を真正面から受け止めるべきではないか。

章男の精神は、柔軟である。ひとたび「理」を認めると、自説としてきた「論」を改めるのに躊躇しない。彼は過去の自分の考えと決別した。

章男はそれまで、障がい者に対してウェルキャブ（福祉車両）が最適な提案だと考えていた。メーカー目線である。しかし、パラアスリートたちの「私たちも、もっとカッコいいクルマに乗りたい」という声を聞くにつれ、ウェルキャブが最適という考え方は、メーカー本位な考え方だと思うようになった。ユーザー目線に立てば、自動運転車は自力で運転が難しい人たちの選択肢を広げることに、改めて気づかされたのだ。

同年、トヨタはＩＰＣと、ワールドワイド・パラリンピック・パートナー契約を結んだ。その調印式で、章男は次のように述べた。

「今の社会では、移動が本当に大変だという声をうかがっています。誰かが何かにチャレンジしたいと思っているとき、もし、移動が障害になっているのであれば、私たちトヨタはその課題に正面から向き合いたい。移動がチャレンジするための障害ではなく、夢をかなえるための可能性であってほしい。それがトヨタの思いです」

もう1点、トヨタが自動運転に取り組む理由がある。

それは、公共交通機関の撤退が続く過疎地における〝移動弱者〟の存在である。自動運転が実現すれば、公共交通の担い手不足や空白地の解消につながる。ここでも章男は、大義のうえに自動運転の価値を見いだした。

ただし、自動運転車は、開発に多額のコストがかかるうえ、どこまで普及し、いつごろ収益に貢献するかは未知数だ。それでも、やがて来る自動運転時代に備え続けなければいけないところに、自動車メーカーの苦しさがある。

AIの世界的権威とコラボ

トヨタは2016年、米シリコンバレーにAI技術の研究・開発拠点である「TRI（トヨタ・リサーチ・インスティテュート）」を設けた。予算は、5年間で約10億ドル（当時約1200億円）だ。

「これは、トヨタを進化させるための投資です」

と、章男は言った。

シリコンバレーに拠点を設けたのは、改善ベースによる技術の積み重ねではなく、高速回転でイノベーションを創出してきたシリコンバレーに学び、スピード感を持って自動運転技術を立ち上げるためだ。MIT（マサチューセッツ工科大学）やミシガン大学、スタンフォード大学とも連携研究を行う。

TRIのトップに招いたのは、DARPA（米国防総省の国防高等研究計画局）で「ロボティクス・チャレンジ」のプログラムマネジャーを務めたことで知られるギル・プラットである。AIの世界的権威だ。

自動運転をはじめ、世界最先端分野を担う人材をめぐっては、世界の大手企業の間で熾烈な頭脳争奪戦が繰り広げられている。そのなかで、ギルのような超一流の頭脳を陣営に引き込むことができたのは、トヨタの総合力に加えて、資金力、情報力、さらに必要と思われる人材をピンポイントで招聘するスカウト力だ。

章男は2015年8月、ギルと初めて会ったとき、次のように尋ねた。

「なぜ、トヨタに来る気になったの？」

ギルの答えはシンプルだった。

「社会に貢献したいからです」

章男は、ギルに同じニオイを嗅ぎとった。ギルはその後、こう語った。

「AIは、交通事故のリスクを減らすことはできるけれど、人間の介在なくしてはゼロにできない。安全・安心なクルマ社会の実現には、機械が人間と協調することが重要です」

章男は、ひざを打つ思いだった。「この男は話が通じる」と感じた。次のように応じた。

「私たちがイノベーションを追求するのは、技術的に可能だからではなく、目指すべきものがあるからです」

ギルも、答えた。

「最初、私は、トヨタは単に競合他社や、AIの分野で力をつけてきた企業との競争に勝ちたいだけなのかと思いました。しかし、会議を重ねるたびに、目標の視野の広さに、私はどんどん目を開かされました」

章男とギルは、意気投合した。2人は、交通事故をなくしたい、あるいは社会をよりよくしたいという大義が共通していた。

ギルは、章男に申し出た。

「私がシェルパになります」

自動運転を含めた、未来のモビリティへの道のりは、トヨタにとって前人未到の山を目指すようなものである。不案内な山を登り切るには、案内役のシェルパが必要だ。

ギルの言葉を受けて、章男は言った。

「あなたの後には、ベンチャー精神を持つトヨタの同志が続きます。その先頭には、私がいます。安心して、あなたの信じる道を進んでください」

実は、ギルには、交通事故ゼロを目指すトヨタと一緒にやってみたいと考える理由があった。小学生の時、帰宅途中に自転車に乗っていた友人がクルマにひかれて亡くなる事故に遭遇した。運転手がその友人のそばで頭を抱えて座り込み、涙を流す姿を彼は忘れることができない。また、ギルの父親は、米フォード・モーターの組み立てラインでタイヤの組み付け作業をしており、クルマが大好きだった。しかし、83歳の時、事故を心配した家族は、彼からクルマのキーを取り上げた。翌年、彼は、介護施設に入居した。

「TRIでは、世界中の家族がこうした悲しい出来事を経験しなくて済むようにすべく取り組みたい」

ギルは2015年11月6日、TRI設立発表説明会の席上、そう述べた。

章男がギルに信頼を寄せるのは、彼が単なる技術の専門家ではなく、人間味あふれる思考の持ち主だからだろう。

トヨタの自動運転技術は、「ガーディアン（高度安全運転支援）」と「ショーファー（自動運転）」の2本柱からなる。このトヨタの技術専門用語を少し説明しておこう。

ガーディアンは警護する人という意味のとおり、人を守ることを主眼とする。その能力が高まれば高まるほど、車両の衝突は回避され、被害を最小限にできる。TRI独自のアプローチであり、現在、最も力を入れている。

一方、お抱え運転手を意味するショーファーは、完全自動運転である。ドライバー不要の夢のクルマだ。コンピューターの深層学習とＡＩの進化を抜きにしてはありえない。

トヨタは、自動運転技術の開発の方向性として、「オーナーカー」と「サービスカー」の２つを見据えている。

オーナーカーでは、自動運転のレベルを段階的に上げていく。ガーディアンの世界である。一方、イーパレットのようなサービスカーでは、完全自動運転の開発を進める。ショーファーの世界だ。

章男は、「一番に商品を出すことよりも、よいものを正しく出すこと」と語っている。この考え方で自動運転の開発を進める限り、トヨタがほかの自動車メーカーに比べ、自動運転の実用化において後れを取るのは確かだろう。

グーグルからも研究者を招聘

トヨタが２０２０年の実用化を目指す、高速道路における「レベル３」の自動運転技術「ハイウェイ チームメイト」には、シリコンバレーのＴＲＩの研究成果が落とし込まれる。その役割を担うのが、トヨタ、デンソー、アイシンの３社によって設立された、「ＴＲＩ－ＡＤ

（トヨタ・リサーチ・インスティテュート・アドバンスト・デベロップメント）」だ。シリコンバレーのＴＲＩとトヨタの先進技術開発カンパニーとを橋渡しする、ソフトウェアの先行開発部隊である。

ＴＲＩ‐ＡＤの社長兼ＣＥＯに就いたのは、グーグルで自動運転車の開発チームの創設メンバーを務めたジェームス・カフナーである。彼もまた、超一流の研究者だ。彼はギルを尊敬し、一緒に働きたいと思っていた。トヨタのスカウト力の賜物だ。

トヨタは、モノづくり力に代表されるリアルの世界の圧倒的な力に加え、新たにＴＲＩやＴＲＩ‐ＡＤを設け、ＡＩ、ロボティクス、自動運転の技術力を備える。

東京・日本橋のＴＲＩ‐ＡＤの新オフィスでは、トヨタからの出向者のほか、異業種からの転職者を含む、エンジニアやデザイナー約６５０人が働く。プロジェクトを短く区切り、少人数で開発とテストを反復するシリコンバレー流のアジャイル開発や、チームのコミュニケーションを重視して短期間で成果をあげるスクラム開発の手法が取り入れられている。

目指しているのは、当面、東京オリンピック・パラリンピック競技大会に向けた自動運転技術の開発である。トヨタは、同大会の選手村などの移動手段として、モビリティサービス専用の次世代電気自動車であるイーパレットを提供する。ショーファーによって制御されるほか、ガーディアンを標準装備として組み込む計画だ。

章男は、「モビリティカンパニーに転換する」という宣言のもとで移動に関わるサービスの提供や自動運転技術を取り入れる姿勢へ、柔軟に変化してきた。

章男は、トヨタをモビリティカンパニーにモデルチェンジできるのか。開発中のイーパレットは、その試金石となる。

「トヨタは、思想的にはベンチャー企業だと思います」

章男は、つねづねそう語っている。

電動化や自動運転に代表される技術進化によって、今、自動車産業にはパラダイムシフトが起きようとしている。そのなかで、章男は「過去の延長線上にトヨタの未来はない」と繰り返す。それこそベンチャー企業の思想を持たなければ、トヨタの未来はないということでもある。

殿堂入りビデオに込めた思い

困難な経営局面に直面したとき、経営者は、藁《わら》にもすがる思いで、創業の原点に立ち返る。創業者は、何を理念に会社を起こし、何に悩み、どう解決したのか。あるいは、創業者が自分の立場であったならば、どう判断するだろうか、と。

パナソニックの歴代の社長は、行き詰まると、創業者の松下幸之助に学ぶべく、京都市の松下資料館を訪ね、独りこもって考えるといわれる。森下洋一、中村邦夫、大坪文雄らがしかりである。

では、トヨタにとって、いや章男にとって創業の原点とは何か。喜一郎である。それを示す格好のビデオがある。

2018年7月19日、喜一郎の米国自動車殿堂入りの記念式典で上映されたビデオである。所用のため、記念式典への参加がかなわなかった章男は、「祖父・喜一郎にインタビューするためにタイムスリップする」という設定のサプライズビデオを用意した。

「本当にうれしい。アメリカは、私のあこがれだったからね。デトロイトでクルマが走り回る光景がトヨタの『創業の原点』だよ」

ビデオのなかで、そう語るのは、特徴のある丸い眼鏡、背広姿、ステッキを突き立て、いすに腰かける紳士、喜一郎である。背景には、1955年に発売された初代クラウンが展示されている。時代色を出すためか、以上の部分はモノクロームの映像だ。

「トヨタは今、アメリカでクルマをつくっているといったら驚かれるでしょう」

スクリーンのなかでそう返すのは、横に座る作業着姿の黒縁眼鏡の男、すなわち〝今〟の章男である。こちらは、現代を象徴するためか、カラーだ。凝った演出である。

「感慨深いよ」

と、喜一郎はうなずき返す。

ビデオの中の2人の男を演じるのは、いずれも章男だ。彼は喜一郎にも扮装し、1人2役で寸劇を演じる。ここまでやるのかと思わせる怪優ぶりである。

むろん章男は、57歳で鬼籍に入った喜一郎に、直接会ったことはない。しかし、彼は喜一郎になりきり、まるで大統領の演説か何かのように、ゆっくりと独特の規則性を持ってしゃべる。章男自身は、いつものように快活な語り口だ。対話は、すべて英語である。ビデオは、さらに続き、オチに至る。

「ところで、おまえは誰だ」

「私はあなたの孫の豊田章男です」

「おお、そうなのか。今は、何をしているか」

「自動車会社で働いています」

「トヨタだといいけど……」

記念式典の会場は、ドッと沸いた。

ビデオは、いかに記念式典の出席者に喜んでもらうか、という発想の下に制作された。アイデアやシナリオは、章男自らが提案したものだった。

このビデオは、ユーチューブのトヨタのチャンネルで見ることができる。

喜一郎は、社内から「御曹司の道楽だ」と猛反対を食らいながらも、トヨタの前身である自動車部を苦労の末、立ち上げた。

当時、自動車事業は、三菱や三井のような財閥も手を出さないほど、莫大な資金を要した。それでも、彼はリスクを取って挑戦した。今日でいう社内ベンチャーといっていい。

「喜一郎は、トヨタグループを織機の会社からクルマをつくる企業グループに、モデルチェンジすることに挑戦しました。今、私たちもまた、企業グループのモデルチェンジを目指しています」

と、章男は2018年3月期の決算説明会で語った。章男が目指すモデルチェンジ、すなわち未来像は、カーメーカーからモビリティカンパニーへの転換である。

章男は今日、かつての喜一郎と同じ境遇にある。実際、自動車産業は大転換期を迎え、今後このまま存続する保証はどこにもない。そして、大規模リコール問題に見られるように、章男もまた、いつ、いかなる形で〝悲劇の人〟にならないとも限らない。

何代か後の後継者に、章男は「トヨタで働いています」と言ってもらうことができるだろうか。ビデオには、さまざまな意味が込められているのだ。

章男には、トヨタの抜本的改革について、自らが道筋をつけなければならないという思いがある。「トヨタを、モビリティカンパニーにフルモデルチェンジする」と繰り返し語るのは、そのためだ。

モビリティカンパニー宣言は、章男の積み上げてきた実践知や経験知からくる本質的直観によるチャレンジそのものだ。〝知の爆発〟の結果とも推測できるだろう。

2019年5月の決算会見では、次のように強調した。

「私の在任期間中に実現できるとは思いませんが、トヨタらしい企業風土、文化を再構築することは、私の代でやり切る覚悟です」

だからこそ章男は、トヨタグループの総帥として、自らが責任を取れる今のうちに、大変革を乗り切る下地を準備しようとしているのだ。創業家の継承者だからこそ至れる境地である。

富士山の麓にコネクティッド・シティ

モビリティカンパニーが目指す姿は、少しずつ明らかになってきている。

章男は、静岡県裾野市にあるトヨタ自動車東日本の東富士工場について、2020年末の閉鎖を決断した。関係者の落胆は大きかった。とりわけ、長く東富士工場で自動車をつくり続けてきた従業員たちの痛みは、計り知れない。彼らの中には、2000年の関東自動車工業の横須賀工場閉鎖に伴い、東富士工場に移った従業員もいる。今度は東富士工場から東北の生産拠点へ移らなければならないのだ。

章男は、彼らと直接対話する場を持つため、2018年7月、現地を訪れた。

対話の中で、ある従業員がこう切り出した。

「東北に行って、またクルマをつくりたいという気持ちもありますが、いろいろ事情があって、本当は行きたいけれども家族のことを考えると一緒には行けない、辞めざるを得ないという人も中にはいると思います。そういう人のことを考えると、喜んで東北には行けないという気持ちが正直あります。今後、トヨタとしてこの東富士工場をどうしようと考えておられますか」

章男は、とっさに答えた。

「この東富士工場は、これから50年の未来の自動車づくりに貢献できる〝聖地〟、自動運転などの大実証実験『コネクティッド・シティ』に変革していこうと考えています。これはまだ構想段階ではありますが、意志さえあれば、必ずできると思います」

この話には、続きがあった。それから1年半を経た、2020年1月――。

米ラスベガスで開催されたCESで、章男は、モビリティカンパニーへの転換に続いて、再び衝撃的な宣言をした。

「日本の東富士にある175エーカーの土地に、未来の実証都市をつくります。人々が、実際に住んで、働いて、遊んで、生活を送りながら実証に参加する街です」

章男の描いた未来の街は、「ウーブン・シティ(編まれた街)」と名付けられた。

都市設計は、デンマークの著名建築家ビャルケ・インゲルスが手掛ける。

スクリーンいっぱいに映る、富士山に抱かれたウーブン・シティの完成図をバックに、章男は両手を広げて強調した。

「〝すべての人に移動の自由を〟をテーマに取り組む会社として、またグローバル企業市民として、トヨタは、世の中をよりよくしていくために役割を果たさなければならないと考えています。これは、決して軽くない責任と約束です。ウーブン・シティは、約束を果たすうえで、小さな、でも重要な1歩となります」

ウーブン・シティは、2021年に着工予定だ。トヨタは自動車や住宅というリアルの商品で長くモノづくりの技術を蓄積してきた。さらに、TRIやTRI-ADを通して、ロボットや自動運転を始めとするCASEの領域にも要素技術を蓄積し始めている。ハードとソフト、両方の技術を手掛けるからこそ着手できるプロジェクトだ。

ウーブン・シティには、「車だけが通る道」、「車と人が通る道」、「人だけが通る道」の3種類の道をつくる。

「車専用の道」と「車と人が混在する道」では、必要となる自動運転のレベルが異なる。どんな安全技術が必要か。スピードなどの条件設定はどうすればいいか。それぞれの状況に沿った開発を効率的に進める。

住人は2000人から始め、段階的に増やしていく。自動運転、MaaS、パーソナルモビリティ、ロボット、AI技術などのテクノロジーをリアルな環境で試し、ビッグデータを収集する。

もっとも、自動運転技術を用いた未来の街づくりは、世界で進められている。たとえば、米国における自動運転の実用化は、日本以上に進んでいる。また中国は、政府主導で自動運転の実用化やスマートシティの開発を、猛烈な勢いで推進している。ウーブン・シティは、これらと競り合うことになる。

章男は、トヨタの現状、また、日本の自動車産業の未来に焦りにも似た危機感を抱く。だからこそ、「未来」を強く意識して経営のグリップを握る。モビリティカンパニーへの転換に向けて、章男の挑戦は続く。

おわりに

最後に、豊田章男に死角はないのだろうか。

1つは、章男の持つ、カリスマ性の問題である。章男のカリスマ性は、いまや突出している。それゆえに、裸の王様のリスクと隣り合わせである。そのリスクを、いかに抑えるのか。

章男自身も、周囲の本音が聞こえなくなることを最も危惧する。彼は、自ら「真実に飢えている」と口にする。誰もが、自分に対して真実を言いにくいと理解している。だからこそ、できるだけ、言いたいことを言えるよう相手を気遣い、自分は聞く耳を持つよう努め、「社長室には、決裁ではなく相談にきてほしい」と繰り返し語っている。

小林耕士と河合満の2人の先輩について、彼らを「目の上のたんこぶ」と言いつつも、リスペクトを絶やさないのは、そのためである。

また、真実を知るために、SNSを活用するなどして、あらゆる人とコミュニケーションを図る。章男の言う「地べたのコミュニケーション」だ。

そして、もう1つは後継者、すなわちポスト章男問題だ。後継者の選抜と育成は社長の仕事である。

章男は、すでにバトンタッチの準備を進めている。

「私が社長になったとき、大赤字はもとより、企業風土も壊れてしまっていました。土地を耕すところから始めざるをえなかった。いい土にするための抜本的な構造改革から取り組んだわけです。自分が渡すときには、耕すこともあるだろうけれども、刈り取りも残してあげる。そういうところでバトンを渡したいと思っています」

と、章男は語っている。

バトンタッチを見据えて、トヨタは2020年4月1日から、副社長職を廃止し、執行役員に一本化した。「七人の侍」による舵取りから次期経営トップを発掘、育成する体制へと大胆な変更を行った。むろん、副社長職廃止は初めてだ。経営チームのフラット化である。

「副社長という階層をなくしたのは、次の世代に手渡しでタスキをつなぐためです。そのためには、私自身が次世代のリーダーたちと直接会話をし、一緒に悩む時間を増やさなければならない」

と、章男はその真意を語っている。

執行役員はすべて同格とし、これまでの副社長は「チーフオフィサー」の役割を担う。その数も副社長と同様に6人だ。たとえば、副社長だった小林は「チーフ・リスク・オフィサー」、河合は「チーフ・モノヅクリ・オフィサー」などとなる。ディディエ・ルロワと吉田守孝は副社長職を退任し、新たにチーフオフィサーに就任した経理・財務畑の近健太、及び技術・開発畑の前田昌彦はいずれも51歳だ。

ちなみに、執行役員の数は21人で、チーフオフィサー以外の執行役員は「カンパニープレジデント」「地域CEO」などの名称の下に、各機能をつかさどる。しかも、執行役員の担当は必ずしも固定せず、必要に応じて入れ替える。

加えて、執行役員は、1つの機能ではなく、2つ以上の責任範囲を持つ。次のトップの候補である以上、経営者目線で会社全体を見て動くトレーニングをし、トップの役割である「責任」及び「決断」ができるようにならなければいけないからである。

「まだまだスタートポイントに立ったばかりの過渡期であり、今後も聖域なく見直しをしていくことになる」

と、章男は語っている。

以上の話からわかるように、はっきりしているのは、次期社長がサラリーマン社長になるのは間違いないことだ。

次期社長候補は、章男が示す、「原価低減とTPSの順守」「リアルの世界を持つ強みの徹底」「オープンな仲間づくり」「モビリティカンパニーへの転換」といった経営の軸や方向性を理解し、継承できる人材であることが求められる。危機への対応にはリーダーシップも必要だ。

ましてや、売上高30兆円、営業利益2兆5000億円規模のトヨタを継承し、発展させられるパワーを持たないといけない。その意味で、章男が副社長職廃止というサプライズ策を打ち出したのは、後継者選びがいかに困難な問題であるかをうかがわせる。

バトンタッチのタイミングも、難しい。あと数年間は、章男がトップを続けるとしても、おそらく社長交代は、トヨタがカーメーカーからモビリティカンパニーへと転換する道の途上になるだろう。いったい、いつが適切なのか。

そして、社長交代後、章男は会長へと退く可能性が高い。そのとき、彼はどのような役割を担うのか。いかなる立場から、いかにトヨタのモビリティカンパニーへの転換を見届けるつもりなのか。

章男には、まだまだ〝宿題〟が多いのである。

＊

本書は、2019年4月から11月にかけて、『週刊東洋経済』に連載された「豊田章男　100年の孤独」を、大幅に加筆修正したものです。

連載および書籍化にあたり、東洋経済新報社のみなさんにお世話になりました。ありがとうございました。

今回もまた、スタッフの大森よし子さん、平川真織さんに大変お世話になりました。彼女たちの大奮闘に対して、心より感謝を致します。

2020年3月

片山　修

（文中敬称略）

【著者紹介】

片山　修（かたやま　おさむ）

愛知県名古屋市生まれ。経済、経営など幅広いテーマを手掛けるジャーナリスト。鋭い着眼点と柔軟な発想力が持ち味。長年の取材経験に裏打ちされた企業論、組織論、人事論には定評がある。

『時代は踊った――オンリー・イエスタディ'80s』（文藝春秋）、『ソニーの法則』『トヨタの方式』（ともに小学館文庫）、『本田宗一郎と「昭和の男」たち』（文春新書）、『なぜザ・プレミアム・モルツはこんなに売れるのか？』（小学館）、『ふるさと革命――"消滅"に挑むリーダーたち』（潮出版社）、『社員を幸せにする会社』『技術屋の王国――ホンダの不思議力』（ともに東洋経済新報社）、『パナソニック、「イノベーション量産」企業に進化する！』（PHP研究所）など、著書は60冊を超える。

公式ウェブサイト http://katayama-osamu.com/wordpress/

豊田章男

2020年4月23日　第1刷発行
2023年3月10日　第7刷発行

著　者――片山　修
発行者――田北浩章
発行所――東洋経済新報社
〒103-8345　東京都中央区日本橋本石町 1-2-1
電話＝東洋経済コールセンター　03(6386)1040
https://toyokeizai.net/

装　丁…………鈴木聡子
ＤＴＰ…………キャップス
印刷・製本……大日本印刷
編集担当………髙橋由里
　ISBN 978-4-492-50316-4